WILLIAM SHAKESPEARE
ANTHOLOGIE

NON SANZ DROICT.

Les langues pour tous

Collection dirigée par Jean-Pierre Berman,
Michel Marcheteau et Michel Savio

ANGLAIS

Pour débuter (ou tout revoir) : • **40 leçons**
Pour mieux s'exprimer et mieux comprendre : • **Communiquer**
Pour se perfectionner et connaître l'environnement :
    • **Pratiquer l'anglais**   • **Pratiquer l'américain**
Pour évaluer et améliorer votre niveau :
    • **Score** (200 tests d'anglais)   • **Score civilisation USA**
Pour aborder la langue spécialisée :
    • **L'anglais économique & commercial** (20 dossiers)
    • **Vendre en anglais**
    • **Score commercial (US/GB)**
    • **La correspondance commerciale (GB/US)**
    • **Dictionnaire économique, commercial et financier**
    • **Dictionnaire de l'anglais de l'informatique**
    • **L'anglais des sciences et des techniques** (20 dossiers)
Pour s'aider d'ouvrages de référence :
    • **Dictionnaire de l'anglais d'aujourd'hui**
    • **Grammaire de l'anglais d'aujourd'hui**
    • **Correspondance pratique pour tous**
    • **L'anglais sans fautes**
    • **La prononciation de l'anglais**
Pour progresser en musique :
    • **L'anglais par les hits d'hier et d'aujourd'hui**
Pour les « Juniors » (à partir de 8 ans) :
    • **Cat you speak English ?**
Pour prendre contact avec des œuvres en version originale : • **Série bilingue :**

Grande-Bretagne		États-Unis		
→ Niveaux :	□ facile (1er cycle)	□□ moyen (2e cycle)		□□□ avancé

    • **Anglais par les chansons** (GB/US) □
    • **Bilingue anglais scientifique** (US/GB) □□□
    • **Nouvelles** (US/GB) I, II □□
    • **Grands maîtres de l'insolite** (US/GB) □□

La Grande-Bretagne à travers sa presse □□□	**L'Amérique à travers sa presse** □□□
Dickens (Ch.) : Contes □□	**Bellow (S.)** : Nouvelles □□□
Doyle (C.) : Nouvelles I, II, III, IV □	**Bradbury (R.)** : Nouvelles □□
Greene (G.) : Nouvelles □□	**Chandler (R.)** : Les ennuis, c'est mon problème □□
Jerome (J.K.) : Trois hommes dans un bateau □□	**Fitzgerald (S.)** : Nouvelles □□
Kipling (R.) : • Nouvelles □□	**Highsmith (P.)** : Nouvelles I, II, III, IV □□
• Le Livre de la jungle □	**Hitchcock (A.)** : Nouvelles □□
Lawrence (D.H.) : Nouvelles □□□	**James (H.)** : Le Tour d'écrou □□□
Mansfield (K.) : • L'Aloès □□□	**King (S.)** : Nouvelles □□
Maugham (S.) : Nouvelles I □□	**London (J.)** : Nouvelles □□
Stevenson (R.L.) : Dr Jekyll et M. Hyde □□	**Nabokov (V.)** : Nouvelles □□□
Wilde (O.) : • Nouvelles □	**Nouvelles classiques** □□
• Il importe d'être constant □□	**Twain (M.)** : Nouvelles □□
Wodehouse (P.G.) : • Nouvelles □□	

Autres langues disponibles dans les séries de la collection **Les langues pour tous**

Allemand - Arabe - Espagnol - Français - Grec - Hébreu - Italien - Latin - Néerlandais - Portugais - Russe - Turc

WILLIAM SHAKESPEARE

Anthologie

Introduction, traduction et notes
par
Roger Houdret
Agrégé de l'Université

PRESSES POCKET

SOMMAIRE

© Presses Pocket, Les Langues pour Tous, 1992
ISBN : 2.266.04149-5

Signes et principales abréviations

Prononciation

Sons voyelles

[ɪ] **pit**, un peu comme le *i* de *site*

[æ] **flat**, un peu comme le *a* de *patte*

[ɒ] ou [ɔ] **not**, un peu comme le *o* de *botte*

[ʊ] ou [u] **put**, un peu comme le *ou* de *coup*

[e] **lend**, un peu comme le *è* de *très*

[ʌ] **but**, entre le *a* de *patte* et le *eu* de *neuf*

[ə] jamais accentué, un peu comme le *e* de *le*

Voyelles longues

[i:] **meet** [mi:t] cf. *i* de *mie*

[ɑ:] **farm** [fɑ:m] cf. *a* de *larme*

[ɔ:] **board** [bɔ:d] cf. *o* de *gorge*

[u:] **cool** [ku:l] cf. *ou* de *mou*

[ɜ:] ou [ə:] **firm** [fə:m] le *e* de *peur*

Semi-voyelle :

[j] **due** [dju:], un peu comme *diou*...

Diphtongues (voyelles doubles)

[aɪ] **my** [maɪ], cf. *aïe* !

[ɔɪ] **boy**, cf. *oyez* !

[eɪ] **blame** [bleɪm] cf. *eille* dans *bouteille*

[aʊ] **now** [naʊ] cf. *aou* dans *caoutchouc*

[əʊ] ou [əu] **no** [nəʊ], cf. *e* + *ou*

[ɪə] **here** [hɪə] cf. *i* + *e*

[eə] **dare** [deə] cf. *é* + *e*

[ʊə] ou [uə] **tour** [tʊə] cf. *ou* + *e*

Consonnes

[θ] **thin** [θɪn], cf. *s* sifflé (langue entre les dents)

[ð] **that** [ðæt], cf. *z* zézayé (langue entre les dents)

[ʃ] **she** [ʃi:], cf. *ch* de *chute*

[ŋ] **bring** [brɪŋ], cf. *ng* dans *ping-pong*

[ʒ] **measure** ['meʒə], cf. le *j* de *jeu*

[h] le *h* se prononce ; il est nettement expiré

Accentuation

' accent unique ou principal, comme dans MOTHER ['mʌðə]

, accent secondaire, comme dans PHOTOGRAPHIC [,ɸəutə'græfɪk]

* indique que le r, normalement muet, est prononcé en liaison ou en américain

adj./ectif	**mas.**/culin
adv./erbe	**nég.**/atif
arch./aïque	p. : page
aux./illiaire	**p.p.** : participe passé
conj./onction	**p.pr.** : participe présent
cf. (latin = confer) : comparer à	**pl.** : pluriel
constr./uction	**poét.**/ique
ex. (= par exemple)	prés./ent
fém./inin	prét./érit
fig./uré	qqch : quelque chose ; qn. : quelqu'un
ibid./em = dans le même texte	**sb.** : somebody ; **sth.** : something
i./d **e.**/st = c'est-à-dire	sg. : singulier
introd/uction	syn./nonyme
irrég./ulier	v. : verbe
litt./éralement	vx. (= vieux) fr./ançais
littér./aire	→ tend vers ; donne
	▲ faux ami

Comment utiliser la série « Bilingue »

Les ouvrages de la série « Bilingue » permettent aux lecteurs :

— d'avoir accès aux versions originales de textes célèbres, et d'en apprécier, dans les détails, la forme et le fond, ici, en l'occurrence, les œuvres de William Shakespeare ;

— d'améliorer leur connaissance de l'anglais, en particulier dans le domaine du vocabulaire dont l'acquisition est facilitée par l'intérêt même du récit, et le fait que mots et expressions apparaissent en situation dans un contexte, ce qui aide à bien cerner leur sens.

Cette série constitue donc une véritable méthode d'auto-enseignement, dont le contenu est le suivant :

— résumé de l'œuvre et situation de l'extrait ou des extraits ;

— pour chaque extrait, page de gauche texte anglais, page de droite traduction en français ; au bas des deux pages, notes explicatives (en particulier ici les archaïsmes avec équivalents modernes). Les mots d'anglais moderne expliqués au bas des pages et dans le lexique final aident le lecteur à distinguer les mots et expressions idiomatiques d'un usage courant et qu'il lui faut mémoriser, de ce qui peut être trop exclusivement lié à la langue d'un auteur qui a écrit il y a quatre siècles.

Après chaque série d'extraits (1–10, 11–20, 21–30, 31–40, 41–50), deux pages de révision offrent au lecteur des phrases inspirées des textes, et leur traduction en anglais moderne. Il faut s'efforcer de les mémoriser. Pour l'étude initiale des textes, il est conseillé au lecteur de consulter dans l'introduction le chapitre consacré à « la langue de Shakespeare », puis d'étudier le texte anglais avec l'aide des notes, avant de vérifier le sens dans la traduction et de revenir au texte pour s'assurer qu'il le maîtrise.

Un enregistrement sur cassette (une cassette de 60 min) complète cet ouvrage. Après chaque série d'extraits enregistrés (1–10, 11–20), deux pages de tests de compréhension ont été prévues.

William Shakespeare :
repères biographiques

On sait peu de choses sur la vie du « Stratfordien ».

Avril 1564 : **naissance** à Stratford-on-Avon et baptême (le 26) de William Shakespeare, troisième enfant de John et de Mary Shakespeare. Son père était alors un commerçant aisé, drapier et gantier ; il fut aussi bailli de sa ville. Cependant il allait s'endetter ; il aurait même retiré William, à 14 ans, de la « grammar school » locale (collège classique), pour le mettre en apprentissage.

Novembre 1582 : William épouse à Stratford **Ann Hathaway**, de huit ans son aînée. Mai 1583 : naissance d'une fille, suivie de celle de deux jumeaux (1585). **1592** : Shakespeare est à **Londres**. Ses succès d'auteur irritent le clan des humanistes, les « University Wits ». **Robert Greene**, auteur dramatique, dénonce l'impudence de ce comédien (de la troupe du Lord Chambellan), qui se permet de retaper ou de composer des œuvres théâtrales : "C'est un geai paré de nos plumes, un simple Johannes Factotum, qui se croit l'unique "Shake-scene" (brûleur de planches) de tout le pays."

1593 : mort de son rival, **Christopher Marlowe**, auteur du *Doctor Faustus*.

Les années **1592-1599** sont les plus heureuses de sa carrière. Il possède un sens aigu du comique, une imagination prodigieuse et une verve intarissable. Il s'assure l'estime des lettrés et la protection de puissants seigneurs, comme le comte de Southampton. En 1598, il joue dans *Every man in his humour* (*Chacun sa manie*), de son rival et ami **Ben Jonson**.

Les années **1600-1609** sont les plus sombres de sa carrière, malgré sa réussite incomparable. Nouveau siècle, nouveau monarque, nouvelle dynastie. La dernière des Tudors, **Elizabeth**, meurt en mars **1603**. Le fils de Mary Stuart, Jacques VI d'Écosse, devient roi d'Angleterre sous le nom de **Jacques Ier**. Dès 1603, il décerne aux acteurs du Lord Chambellan le titre de « Comédiens du Roi ». Le « gentleman » Shakespeare est acteur, auteur, et bientôt actionnaire des plus grands théâtres de Londres : « The Theatre », « The Curtain », « The Globe » et, vers 1609, « The Blackfriars Theatre ». Il s'enrichit. Il reste attaché à Stratford où, vers 1600, il s'est rendu acquéreur de la plus grande maison, « New Place ». Malgré tout, dans ses grandes **tragédies**, qui sont au goût du jour, le rire allègre d'autrefois fait place à une âpre ironie. La cause de cette grave crise de misanthropie ? La mort de son père en 1601 ? L'échec de la conspiration d'Essex, dans laquelle il se trouvait impliqué par son protecteur, Southampton ? En tout cas, la trahison des deux êtres qu'il avait chéris le plus, son noble ami et la « dame brune » des *Sonnets*, a bouleversé sa vie. Cependant, en **1609**, quand il publie ses *Sonnets* (dont certains circulaient sous le manteau dès 1598), il semble avoir exorcisé ses fantômes et atteint à la sérénité. Ses dernières pièces sont des chefs-d'œuvre dans le domaine du romanesque. Dès 1613, il rejoint Stratford, où il mène l'existence d'un bourgeois fortuné jusqu'à sa **mort**, le 23 avril **1616**. Il est enterré dans l'église de la Sainte-Trinité de Stratford, dans le chœur où se trouve un « monument » à son effigie.

Note. A propos du théâtre élisabéthain, il est bon de préciser qu'il **n'y avait pas d'actrices** à cette époque. Les jeunes garçons que les parents destinaient au théâtre étaient formés, soit pour les chorales, soit pour les troupes d'enfants acteurs (qui parfois concurrençaient les troupes d'adultes professionnels, cf. *Hamlet*, II,2,369-376). Quand ils devenaient adolescents, ces garçons jouaient les rôles féminins dans les troupes d'adultes (on a quelque difficulté à imaginer un tout jeune homme tenant le rôle de Lady Macbeth !). Puis les meilleurs d'entre eux étaient admis dans les troupes d'adultes, pour y tenir des rôles masculins. On comprend mieux pourquoi l'on a souvent recours à des déguisements de filles en garçons dans le théâtre élisabéthain.

Maison natale de Shakespeare
à Stratford upon Avon

Chronologie des pièces de Shakespeare[1]

Dates	14 comédies	13 tragédies	10 drames histor.
1588		Titus Andronicus	
1589	Love's Labour's Lost		1589-1593 trilogie d'Henry VI
1592	The Comedy of Errors		Richard III
1593	Taming of the Shrew		
1594	Two Gentlemen of Verona	Romeo and Juliet	
1595	Midsummer Night's Dream		Richard II
1596	The Merchant of Venice		King John
1597			1-2 Henry IV
1598	Much Ado About Nothing		Henry V
1599	As You Like It Twelfth Night		
1600	The Merry Wives of Windsor	Julius Caesar	
1601		Hamlet Troilus and Cressida	
1602	All's Well that Ends Well		
1604	Measure for Measure	Othello	
1605		King Lear, Macbeth	
1606		Antony and Cleopatra	
1607		Coriolanus Timon of Athens	
1608		Pericles	
1609	The Winter's Tale	Cymbeline	
1611	The Tempest		
1612			Henry VIII

Notes : 1) Les dates indiquées sont approximatives et souvent contestées. 2) Les « drames historiques » sont des chroniques de l'histoire d'Angleterre. 3) Sur les 13 tragédies, 7 traitent de sujets tirés de l'Antiquité. 4) Du vivant de l'auteur, 16 pièces furent publiées séparément en format in-quarto ; 21 pièces restèrent en manuscrits. 5) En 1622, Othello fut publié en quarto. 6) 1623 : le premier folio contient 36 pièces considérées comme étant de Shakespeare. La 37e, Pericles, publiée en 1609 en quarto, ne fut ajoutée à la collection que dans le 3e folio, en 1664.

Tableau généalogique des rois d'Angleterre dans les drames historiques de Shakespeare

Henry II (1154-89)

John Lackland (Jean sans Terre, 1199-1216)

Richard II
(1377-1399)

Henry IV (1399-1413)
Henry V (1413-1422)
Henry VI (1422-1461
+1470-1471)

Richard III (1483-1485)

Edward IV
(1461-1483)

Henry VII (1485-1509)

Edward V (1483)

Henry VIII (1509-47)

Choix des textes et traduction

Toute anthologie implique un choix de textes. Ce choix est personnel et subjectif, donc arbitraire et discutable.

Ont été retenus des extraits représentatifs de **34 pièces** et des *Sonnets*. Ces textes, à l'exception des 4 sonnets groupés par deux à la fin, sont présentés, autant que possible, dans l'**ordre chronologique**, afin de permettre au lecteur, averti, de suivre l'évolution de la **pensée** et du **style** de l'auteur, de 1588 à 1612.

Trois tragédies, *Titus Andronicus*, *Timon of Athens* et *Pericles*, et les poèmes autres que les *Sonnets*, sont groupés à la fin, sous le titre « Autres œuvres », avec quelques courtes citations. (Ces trois tragédies ne font pas l'objet d'un résumé.)

La traduction s'efforce d'être fidèle, de rendre toutes les nuances des vers ou de la prose, bref d'être à la fois **littérale** et **littéraire**. On a tenu compte des allitérations, des onomatopées, des métaphores et des images, qui sont légion ; et on a essayé de les rendre en français.

La langue anglaise est très riche en **monosyllabes** grammaticaux et lexicaux, ce qui ne facilite pas la tâche du traducteur. Par bonheur il ne s'agit pas ici de traduire des **pentamètres iambiques** (donc des **décasyllabes**, avec licences et variantes) en **alexandrins** français, mais plus humblement de restituer le **sens** et le **mouvement** de la poésie et de la prose de Shakespeare.

Enfin les pièces de Shakespeare étant d'abord faites pour être **jouées**, c'est-à-dire **entendues**, il convient de se pénétrer oralement des textes.

Ancien cadet de Saumur (juin 1940), Roger Houdret est agrégé d'anglais. Il a été professeur des classes préparatoires littéraires et scientifiques au lycée Pothin d'Orléans (1946-1954) puis proviseur du lycée François 1er de Fontainebleau (1959-1965) et proviseur du Lycée français de Londres. Il a été enfin Inspecteur pédagogique régional d'anglais à Lille (1970-1973) et à Montpellier (1973–1981). Il a entrepris de traduire l'ensemble de l'œuvre de Shakespeare et a déjà achevé la traduction de 29 des 37 pièces de son œuvre.

La langue de Shakespeare

L'anglais élisabéthain, illustré par Shakespeare, est une langue germanique fortement romanisée, qui a perdu nombre de ses flexions, et qui se transforme en une langue analytique, l'anglais moderne.

Les archaïsmes (mots ou sens) et les termes poétiques ou littéraires particuliers sont expliqués dans les notes, à l'aide d'équivalents modernes. Les formes et tournures courantes sont groupées dans le présent chapitre, afin de ne pas surcharger les notes de redites.

1. **Prononciation**. La langue adoptée de nos jours pour lire, réciter ou jouer Shakespeare est l'anglais moderne. Mais il n'est pas sans intérêt de noter au passage que certains mots provenant du vieux français étaient encore à l'époque en voie d'assimilation : ainsi le mot « pard », employé pour « leopard » dans la tirade célèbre de *As You Like It*, « All the world's a stage... » (extrait 22), semble prouver que le trisyllabe français, accentué sur la 3e syllabe, n'avait pas encore basculé dans le dissyllabe anglais accentué sur la 1re syllabe.

2. **Le « moule »**.
2.1. Le vers habituel de Shakespeare est le décasyllabe blanc (non rimé) ou pentamètre iambique (5 accents toniques portant normalement sur les syllabes paires : ex : « My **fa**ther had a daughter loved a man » (extrait 26) ; on note au passage : 1) que le pronom relatif sujet « who » est omis devant « loved » ; 2) que « loved » est pour « lov'd » et ne compte que pour 1 syllabe.

Mais alors que dans les premières pièces on trouve beaucoup de distiques et de quatrains rimés, l'auteur prend de plus en plus de libertés : les licences poétiques et les variantes métriques sont de plus en plus nombreuses.
2.2. Dans les premières pièces, Shakespeare emploie la **prose** pour les scènes populaires ou comiques ; plus tard il aura recours à la prose dans des scènes dramatiques. Les scènes en prose abondent dans les comédies brillantes, comme **As You Like It**. Bref, Shakespeare est un poète-dramaturge qui passe avec la plus grande aisance du tutoiement (voir plus loin) au vouvoiement, du vers blanc au vers rimé ou à la prose.

3. **Vocabulaire**.
3.1. **Néologismes**. Shakespeare fut le plus grand créateur de mots et d'expressions de toute la littérature anglaise ; à quel-

ques exceptions près (par ex : « direness »), ils ont enrichi la langue jusqu'à nos jours, par exemple :

— « dérivés » : « to <u>re</u>new » (*renouveler*) ; « <u>dis</u>honest » (*malhonnête*) ; « <u>un</u>discovered » (*<u>non</u> découvert*) ; « enthroned » (*<u>in</u>tronisé*) ; « starry » (*étoilé*) ; « kingly » (*royal*) ; « darling » (*chéri*) ; « ring<u>let</u> » (*anne<u>let</u>*) ; « <u>a</u>-ripening » (« a-= on, in, to » : *<u>en</u> train de mûrir*) ; etc.

— **mots composés** innombrables : « heat-oppressed » (*enfiévré*) ; « divers-colour'd » (*multicolore*) ; « new-reaped » (*nouvellement fauché/récolté*) ; « joiner-squirrel » (*écureuil menuisier*) ; « seven-fold » (*septuple*) ; sans oublier : « fore-bemoaned moan » (**fore** pour **before** ; **be** intensif ; **to moan** : *gémir* : *plainte déjà plainte*) ; etc.

3.2. **Personnifications**. Les 4 éléments, les forces de la nature, le temps, sont souvent personnifiés, de même que la vie, la mort (masc.), et bien entendu l'amour, donnant lieu à l'emploi du <u>cas possessif</u>. Avec les objets concrets (ex : « the sickle's compass : *le domaine de la faucille*), il s'agit plutôt d'un <u>génitif poétique</u>. En revanche on trouve : « your highness's(s) council » ; « his mistress'(s) eyebrow ». Noter aussi l'expression du temps et de la distance : « till seven years' heat ».

3.3. **Particularités**. Les images et les métaphores, très nombreuses, sont parfois empruntées à des jargons spécialisés, ou à des activités qui ont disparu : chasse au faucon, héraldique, folklore, etc. Dans les extraits choisis, on fait allusion au vocabulaire du mariage (extrait 50, Sonnet 116), de la justice (extrait 49, Sonnet 30), sans oublier « his hawking eye » (*son œil/regard de faucon*, (extrait 33), ni « When I was stamped » (litt. *quand je fus estampé/poinçonné* ; d'où : *quand je fus conçu/fabriqué*, extrait 45).

D'autre part certains mots étaient plus proches, pour le sens, du vieux français que de l'anglais moderne : ex : « to attend ; regard ; presently » ; etc. ; en revanche, « primrose » = *primevère* ; « precipice » a 2 sens : *précipice, à-pic*.

4. **Licences poétiques et formes évolutives**.

4.1. La terminaison -« s » est parfois omise à la 3ᵉ pers. sing. du présent, utilisée à la 3ᵉ pers. pl., voire égarée au prétérit (ex : « methoughts » = *il me sembla que*). En réalité l'auteur accorde souvent le verbe avec <u>le nom le plus proche</u>, qui n'est pas forcément le sujet : ex : « there is no woman's sides » (extrait 26) ; cf. fr. *il n'est pas une femme dont les flancs, = le sein*) ; « The voice of all the gods/ Make heaven drowsy » (extrait 1) : *les voix... grisent le ciel* ; on attendait « voice**s** » ; mais il y aurait une syllabe de trop).

4.2. Le pronom <u>relatif sujet</u> est souvent <u>omis</u> : ex : « he is the next (who) will mount » (*il est le prochain à régner*, extrait 3) ; « there is a willow (which) grows aslant a brook » (*il y a un saule qui pousse en travers d'un ruisseau*, extrait 31).

4.3. **Adjectifs** pris comme **adverbes** : ex : « new » pour « newly », « quick » pour « quickly » (mais « quick » peut être adverbe en anglais moderne) ; « the lesser is scarce(ly) felt » (*le moindre se sent à peine*, extrait 37) ; « this Duncan/ Hath borne his faculties so meek(ly) » (*ce Duncan a exercé son pouvoir avec une telle mansuétude*, extrait 39).

4.4. **Noms ou adjectifs** pris comme **verbes** : ex : « to fright(en), to deaf(en) », etc.

4.5. **Doubles négations**, ou négations renforcées : ex : « nor it boots thee not » (« to boot », ici arch. = « to do good (to), to avail » : *c'est pour toi chose sans profit*) : formes non usitées en anglais moderne.

4.6. **Doubles comparatifs** : ex : « lesser, worser, less happier » ; formes non usitées en anglais moderne (à part « lesser »).

4.7. On trouve parfois « which » pour « who/m » ; « his » pour « its » (mais voir 3.2. Personnifications).

4.8. **Prépositions** : emploi de « on », au lieu de « of », après « to think, to dream, made » (p.p.) (à noter qu'en anglais moderne on a encore « to gaze at/on/upon ») ; emploi de « with », au lieu de « by » : ex : « drawn with a team of little atomies » (extrait 9).

4.9. Selon les besoins du vers, Shakespeare pratique un très grand nombre d'**élisions** : ainsi certains participes passés peuvent se présenter sous 4 formes : ex : 1) « blessèd » (l'accent sur « e » indique que la terminaison « -ed » compte pour une syllabe dans la scansion du vers) ; 2) « blessed » : voir le vers en question (**-ed** peut compter ou ne pas compter) ; 3) « bless'd » = 1 syllabe ; 4) « blest » : graphie phonétique. On trouve la même élision de l'**e interconsonantique** dans : « pass'd/past », « unus'd », « cancell'd », « woo'd », « lov'd » ; « wand'ring » ; « ow'st », « grow'st » (voir tutoiement).

On emploie « 's » pour « is »/« has »/**cas possessif** ; « 'tis » = « it is » ; « 'twere » = « it were » ; « 'twixt » = « betwixt » = « between (by + two) ». Autres formes réduites : « ye » pour « you », « 'a » pour « he ».

On note aussi la suppression fréquente du « v » <u>intervocalique</u> dans « o'er », « e'er », « ne'er », « e'en », qui deviennent des monosyllabes.

4.10. A l'opposé on trouve la vieille terminaison « -es » du <u>génitif</u> à valeur adverbiale dans des mots dont beaucoup sont

encore employés : sous la forme « -s » dans « needs » (nécessairement ; employé après « must »), « our**s** », « your**s** », « her**s** » ;
sous la forme « -ce » dans « once » (= « one » + « es ») ; avec un
« t » parasite dans « amid**st**, amongst, against », etc.

5. **Formes verbales**.

5.1. **Tutoiement**. Rappelons d'abord que le pronom sujet
« thou » et ses dérivés, si fréquents à l'époque élisabéthaine
pour s'adresser à une seule personne, sont remplacés aujour-
d'hui par « you », pluriel de courtoisie, et réservés à la langue
religieuse ou poétique. A « thou » correspondent l'objet
« thee », l'adj. poss. « thy » et le pron. poss. « thine », lequel
s'emploie parfois pour « thy » qui en est la forme réduite (de
même, « mine » pour « my »).

Pour les verbes on ajoute « -est », « -st » ou « -t », selon le cas :
« thou art », « thou wast » (au subj. « thou wert ») , « thou dost »
(aux.)/« doest » (v.)/« didst », « thou hast/hadst », « thou canst/
couldst », « mayest/mightest », « must » (invar.), « shalt/shouldst »,
« wilt/wouldst », « oughtest » ; de même « thou comest/camest »,
« thou goest », « growest », etc.

5.2. **3ᵉ pers. sing. présent**. On trouve très souvent la terminaison « -eth/-th » : ex : « he hath » (pour « has »), he « doth »
(pour « does ») ; de même « he tempteth », etc.

5.3. **Formes emphatiques**. Shakespeare y a souvent recours, pour des raisons sémantiques ou métriques : ex : « I do
know » : *je sais bien* ; « love alters not » = *l'amour ne change
point*. On trouve 3 formes en l'espace de 4 vers : « beauty that
doth oft(en) make » ; « the virtue that doth make them ; the
contrary doth make thee wondered at » (extrait 4). En plus
d'une « cheville » utile pour le vers, l'auteur fait de
« do/does/did » un véritable auxiliaire affirmatif du présent et
du prétérit.

5.4. **Modaux** : emploi fréquent de « can », « may » (sens souvent proche de « can » à l'époque), « must », « shall », « will »,
ought to, qui expriment déjà le point de vue du locuteur :
ex : « thy eternal summer shall not fade » (*ton éternel été ne
doit pas/ne saurait se faner*, extrait 49).

5.5. **Subjonctif**. Alors qu'en anglais moderne le subjonctif,
mode du doute, de l'incertitude, appartient plutôt au style
soutenu, ou se trouve dans des expressions figées, reliquat du
passé (ex : « as » (if) « it were » : *pour ainsi dire* ; « if I were
you » : *à votre place* ; « Long live the Queen ! » : *Vive la Reine !* ;
(« May ») « God bless you ! » : *Dieu vous bénisse !*), à l'époque
de Shakespeare il est d'un emploi courant, notamment après
« if », « as (if) », « an » (arch. = « if »), « though » et « although »,

« till » et « until ». Les formes verbales employées aux six personnes du présent sont « be », « have », et pour les autres verbes le présent invariable ; au prétérit, « were », « had », et le prétérit indicatif des verbes : ex : « until his ink were tempered with Love's sighs » (litt. *jusqu'à ce que son encre fût trempée des soupirs de l'Amour*, extrait 1). On trouve également le subjonctif après « say that » : ex : « say that she rail » (*mettons qu'elle invective*, extrait 7), et comme optatif après « would » (« to God ») : ex : « would I were with him ! » (*si je pouvais être/je voudrais être/que ne suis-je avec lui !*, extrait 20). On notera le parallélisme entre l'anglais élisabéthain et le français moderne.

On trouve souvent aussi le subj. avec inversion auxiliare-sujet et « if » omis : ex : « be it » (« if it be ») « the morn » (*que ce soit le matin*) et « should you fall » (*dussiez-vous tomber/si vous deviez tomber*, extrait 3).

5.6. **Conditionnel**. Les formes « were » et « had » se comportent, le cas échéant, comme des semi-modaux à sens conditionnel : ex : « it were different if » : *ce serait différent si* ; « I had been happy if the general camp » (*j'aurais été heureux si le camp tout entier*, extrait 36) ; « which, but for vacancy, had gone to gaze on Cleopatra » (*qui, sans l'horreur du vide, s'en fût allé contempler Cléopâtre*, extrait 42). On trouve les différents emplois particuliers de « were » au début du célèbre monologue de Macbeth :« If it were done when 'tis done, then 'twere well/ It were done quickly » (*si, la chose faite, c'était fini, alors il serait bon que ce fût vite fait*, extrait 39).

Bien entendu on trouve les expressions figées de l'anglais moderne : « I had rather » : *je préférerais/préfère*, « I had better » = *je ferais mieux de*, suivies de l'infinitif sans « to » ; à comparer à « I would as lief » : litt. *je voudrais aussi volontiers* (« lief » : adv. arch.)/*j'aimerais autant* ; ou à « you had best go at once » : *vous feriez mieux de partir tout de suite*.

6. **Inversions**

6.1. **Inversions poétiques**. En dehors des cas d'inversion déjà vus, les inversions poétiques du type complément-verbe sont très nombreuses. Voici quelques exemples empruntés aux *Sonnets* (extraits 49–50) : « By chance or nature's changing course untrimmed » : *déparée par le hasard ou par le cours changeant des choses* (Sonnet 18) ; « Love is not love/ Which alters when it alteration finds/ Or bends with the remover to remove » = *l'amour n'est pas amour, qui change quand il trouve du changement, ou s'abaisse à être inconstant devant l'inconstant(e)* (Sonnet 116).

6.2. Signalons au passage les propositions exclamatives avec l'inversion interrogative auxiliaire-sujet : ex : « how ill-beseeming is it... ! » : *comme il sied mal... !* (extrait 4).

7. La **ponctuation** élisabéthaine, très libre, était plus rythmique que syntaxique. Ainsi, dans la célèbre tirade d'*Hamlet*, « To be, or not to be... » (extrait 30), entre le vers III,1,64, « To die, to sleep » ; et le vers 88, « And lose the name of action », soit en 25 vers, on trouve : aucun point, 2 points d'interrogation, 4 points virgules, 3 deux points, 9 virgule, (en fin de vers) et 3 (en cours de vers).

Au dire de Ben Jonson, l'auteur de **Volpone**, Shakespeare composait et écrivait ses œuvres à une vitesse stupéfiante : ses manuscrits en font foi ; son écriture, non raturée, mais presque illisible, explique que les copistes aient pu donner des versions différentes de certains mots, voire de certains vers !

Love's Labour's Lost*
Peines d'amour perdues

Cette comédie a été écrite vers **1588-1589** (preuves internes). La 1re édition connue de la pièce (révisée en 1597) est un in-quarto de 1598 (avec le titre *Loves Labours Lost*). Ce texte est supérieur à celui de l'in-folio de 1623. Les sources de la pièce sont complexes et incertaines. Le quatuor de la pièce figurerait Southampton et ses amis.

Le roi de Navarre et trois seigneurs de sa suite (pris de remords ? déjà blasés ?) ont juré de vivre pendant trois ans de façon monacale, cessant tout commerce avec le beau sexe et consacrant leur temps aux études et au jeûne. Or l'arrivée inopinée de la princesse de France et de ses dames d'honneur remet tout en question ; les demoiselles sont charmantes : nos héros tombent amoureux. On fait assaut d'esprit, au milieu de déguisements et de réjouissances auxquels tous les personnages participent, et où la préciosité le dispute à la bouffonnerie.

Le décès du père de la princesse met fin aux festivités : les dames repartent, après avoir imposé une épreuve de fidélité d'un an à leurs amoureux. On ignore le dénouement ; mais on peut l'imaginer.

Situation de l'extrait n° 1,IV,3,312–14 & 327–47.

Au début de la scène, le roi et les trois seigneurs de sa suite, Berowne (Biron), Longaville (Longueville) et Dumaine, se rendent compte qu'ils s'apprêtent tous les quatre à se parjurer, en envoyant à leur belle des poèmes enflammés. Suit un long dialogue précieux. Le roi charge Biron de prouver que leur amour est légitime, et qu'ils n'ont pas vraiment violé leur serment. Dans un monologue brillant, d'où est tiré l'extrait, Biron démontre que leur serment était intenable.

Titre ambigu, que l'on comprenne, selon l'usage, « the labour of love is lost » ou, selon l'in-quarto de 1598, « the lost labours of love » ; **labour** = **hard work**, **task** ≠ *travail dur, tâche ≠ labourer ≠* **to plough** [plau].

For where is any author in the world
Teaches[1] such beauty as a woman's eye?
Learning is but an adjunct to ourself...
...
But love, first learned in a lady's eyes
Lives not alone immured in the brain,
But with the motion of all elements
Courses as swift as thought in every power,   330
And gives to every power a double power,
Above their functions and their offices.
It adds a precious seeing[2] to the eye:
A lover's eyes will gaze[3] an eagle blind.
A lover's ear will hear the lowest sound
When the suspicious head of theft[4] is stopped.
Love's feeling is more soft and sensible[5]
Than are the tender horns of cockled[6] snails.
Love's tongue proves dainty Bacchus gross in taste.
For valour, is not Love a Hercules,   340
Still climbing trees in the Hesperides[7]?
Subtle as Sphinx; as sweet and musical
As bright Apollo's lute, strung[8] with his hair.
And when Love speaks, the voice of all the gods
Make heaven drowsy[9] with the harmony.
Never durst[10] poet touch a pen to write
Until his ink were tempered with Love's sighs.

---

1. **(that) teaches** : pronom relatif sujet omis (cf. introduction).
2. **seeing** : (ici) **sight**.
3. **will gaze/hear** : futur d'habitude ; noter construction **gaze an eagle blind** : l'adj. indique ici le résultat de l'action du verbe.
4. **the...head of theft** = **the...ears of a/the thief** (*voleur*).
5. **sensible** : ici *sensible* ; anglais moderne : *sensé* ≠ **sensitive** : *sensible*.

Peines d'amour perdues (IV,3,312–314 et 327–347)

Car où est au monde l'auteur
qui nous enseigne la beauté comme le fait l'œil d'une femme ?
Le savoir n'est pour nous-même qu'accessoire...
...
Mais l'amour, appris d'abord dans les yeux d'une dame,
ne vit point seul, cloîtré dans le cerveau.
Ayant mis en branle tous les éléments,
il court, vif comme la pensée, dans toutes nos facultés,
donnant à chacune d'elles un double pouvoir,
les portant plus haut que leur fonction et leur office.
Il ajoute à l'œil une vision précieuse :
les yeux d'un amant aveugleraient un aigle.
L'oreille d'un amant entend le moindre bruit,
alors que la méfiance d'un voleur n'en peut mais.
Le toucher de l'Amour est plus doux, plus sensible,
que ne sont les tendres cornes des colimaçons.
La langue de l'Amour révèle le goût grossier du délicat
    Bacchus.
Pour le courage, l'Amour n'est-il pas un Hercule
occupé à grimper aux arbres des Hespérides ?
Subtil comme le Sphinx, suave et mélodieux
comme le luth que le brillant Apollon a cordé de ses cheveux.
Quand parle l'Amour, les voix de tous les dieux
grisent les cieux de leur harmonie.
Jamais poète n'osa prendre la plume pour écrire,
sans que son encre fût trempée des soupirs de l'Amour.

---

6. **cockled** = **in their cockles** (**cockle** *coquille*).
7. **the Hesperides** : le jardin des filles d'Hesperus, où se passe
   l'avant dernier des douze travaux d'Hercule.
8. **strung** : p.p. de **to string** : *corder* ; *enfiler* (**a string** *une corde*).
9. **drowsy** = **sleepy** : *somnolent*.
10. **durst** : (arch. =) **dared**, prét. de **to dare** : *oser*.

Le roi Henry VI

King Henry VI : Le Roi Henry VI*
1re partie

La trilogie du *Roi Henry VI* (**1589-1593**) est attribuée, pour la rédaction et pour les révisions, en partie à Shakespeare, en partie à des collaborateurs (Marlowe, Kyd, Greene, etc.). L'ensemble des trois pièces fut joué en 1592-93.

La **1re partie**, publiée dans l'in-folio de 1623, va de la mort de Henry V (1422) aux fiançailles de Henry VI et de Marguerite d'Anjou (1444). La scène se passe en partie en Angleterre, en partie en France. Les événements sont quelque peu brouillés. La pièce nous montre : 1) la rivalité de Gloucester (Gloster) et de Winchester pour assurer la régence du jeune Lancastre ; 2) l'histoire de Jeanne d'Arc présentée tantôt comme une sainte, tantôt comme une sorcière, et qui s'efforce de « bouter » les Anglais hors de France : en 1429 elle délivre Orléans et fait sacrer Charles VII à Reims ; elle est faite prisonnière à Compiègne en 1430 et brûlée à Rouen en 1431 ; 3) l'héroïsme de Talbot ; 4) le conflit qui se profile entre les maisons d'York (rose blanche) et de Lancastre (rose rouge).

King Henry VI : Le Roi Henry VI
2e partie

Comme la **1re partie**, la 2e partie du *Roi Henry VI* s'inspire en particulier de la *Chronique* de Holinshed.

Cette pièce fut publiée anonymement en 1594, comme étant « la première partie du conflit entre les deux célèbres maisons d'York et de Lancastre ». Les 2e et 3e parties parurent, avec des modifications, en même temps que la 1re, dans l'in-folio de 1623.

Cette 2e partie présente le mariage d'Henry VI avec Marguerite d'Anjou (ce qui signifiait la perte de l'Anjou, du Maine et de la Normandie). Puis on assiste aux intrigues des Yorkistes qui appuient les prétentions de Richard, duc d'York, à la couronne ; à l'assassinat de Gloster, oncle du roi ; à la passion perverse de la reine et de son amant Suffolk, lequel sera finalement banni, puis assassiné par des pirates ; à l'échec de la rébellion de Jack Cade (motivée par les contributions excessives levées par le roi) ; enfin à la première campagne, victorieuse, du duc d'York (St. Albans, 1455).

King Henry VI : Le Roi Henry VI
3ᵉ partie

La **3ᵉ partie** du *Roi Henry VI* fut publiée en 1595, sous le titre de « La Vraie Tragédie de Richard, duc d'York, et la mort du bon roi Henry VI ».

La pièce nous montre d'abord comment Henry VI laisse déshériter son fils, au profit du duc d'York ; la fureur de Marguerite d'Anjou qui rassemble une armée, bat et finalement massacre le duc.

L'acte II présente la défaite de Lancastre et la victoire des enfants d'York. Henry VI est déchu (1461). Edouard d'York (Edward IV) s'empare de la couronne.

Les trois derniers actes nous montrent la lutte entre Warwick et Edouard. Henry VI est remis sur le trône ; mais la lutte continue. La défaite de Warwick entraîne celle de Marguerite d'Anjou. Richard d'York, dont le regard haineux nous achemine vers la pièce de *Richard III*, assassine le prince de Galles et Henry VI. Guerres et massacres vont se poursuivre jusqu'à l'avènement des Tudors.

Le style de cette 3ᵉ partie est plus « flamboyant » que celui des deux autres parties.

Notons enfin que, tandis que l'on jouait les trois pièces du *Roi Henry VI*, la peste sévissait à Londres (1592–93).

En principe, dans les traductions, on a francisé les noms des personnages ; seuls font exception Henry IV, V, VI et VIII, pour ne pas les confondre avec d'autres Henri, de France ou d'ailleurs.

Henry VI, 1re partie.

Situation de l'extrait n° 2, I,2,72–83 & V,4,36–53.

Il s'agit de deux « morceaux d'anthologie », les passages les plus importants de la pièce concernant Jeanne d'Arc :
1. Elle s'adresse au dauphin Charles, lors de leur première entrevue.
2. Elle va monter au bûcher : face aux seigneurs anglais, elle révèle ses origines (spirituelles ?), et trace d'elle-même un portrait émouvant.

Henry VI, 2e partie.

Situation de l'extrait n° 3, III,1,4–27.

L'extrait choisi se situe au début de la longue scène 1 (383 vers) de l'acte III. La scène se passe dans le décor de l'abbaye de Bourg St. Edmond. Le roi Henry s'étonne que messire de Gloucester (Gloster) ne soit pas arrivé. « Ce n'est pas sa coutume d'être le dernier, quelle que soit la circonstance qui l'éloigne de nous en ce moment. » La reine Marguerite lui répond.

Henry VI, 3e partie.

Situation de l'extrait n° 4, I,4,111–136.

Dans la scène 4 de l'acte I, nous sommes sur le champ de bataille. L'armée d'York est vaincue par celle de la reine. York refuse de se rendre. Il défie la reine et ses capitaines. Ceux-ci veulent le tuer sur-le-champ ; mais la reine veut d'abord lui dire toutes les vilenies dont il s'est rendu coupable, et se gausser de lui comme il le mérite. York lui répond.

Dauphin, I am by birth a shepherd's daughter,
My wit untrain'd in any kind of art.
Heaven and our Lady gracious hath it pleas'd[1]
To shine on my contemptible estate.
Lo[2]! whilst I waited[3] on my tender lambs,
And to sun's parching heat display'd my cheeks,
God's mother deigned to appear to me,
And in a vision full of majesty
Willed[4] me to leave my base vocation   80
And free my country from calamity:
Her aid she promis'd and assur'd success;
In complete[5] glory she reveal'd herself.

...

First let me tell you whom you have condemn'd:
Not me begotten of a shepherd swain[6],
But issu'd from the progeny of kings;
Virtuous and holy; chosen from above,
By inspiration of celestial grace,   40
To work exceeding[7] miracles on earth.
I never had to do with wicked spirits:
But you,—that are polluted with your lusts,
Stain'd with the guiltless[8] blood of innocents,
Corrupt and tainted with a thousand vices,—
Because you want[9] the grace that others have,
You judge it straight[10] a thing impossible
To compass wonders but by help of devils.
No, misconceived[11]! Joan of Arc hath been
A virgin from her tender infancy,   50
Chaste and immaculate in very thought[12];
Whose maiden blood, thus rigorously effus'd[13],
Will cry for vengeance at the gates of heaven.

---

1. **Heaven...pleas'd = it hath pleas'd heaven...** (invers. cf. introd.)
2. **Lo(ok)** ! = *voyez* !
3. **to wait on** (ici) **to keep**.
4. **willed** : prét. rég. = **wished**, **intended**.
5. **complete** = **perfect**.
6. **swain** (arch.) = **young rustic** = *jeune rustaud*.
7. **exceeding** = **exceptional**.

Henry VI, 1re partie (I,2,72-83 et V,4,36-53)

Dauphin, je suis de naissance fille de berger ;
mon esprit n'est instruit en aucune sorte de science.
Il a plu au Ciel et à notre gracieuse Dame
de jeter leur éclat sur ma méprisable condition.
Voici qu'un jour où je gardais mes tendres agneaux,
et qu'à la chaleur brûlante du soleil j'exposais mes joues,
la mère de Dieu daigna m'apparaître
et, dans une vision pleine de majesté,
m'enjoignit de laisser mon humble occupation,
et d'affranchir mon pays de la calamité.
Elle me promit son aide et m'assura le succès.
Elle se révéla dans toute sa gloire.

...

Laissez-moi d'abord vous dire qui vous avez condamné :
je ne fus pas engendrée par un berger rustaud,
mais issue de la descendance des rois.
Sainte et vertueuse, je fus choisie d'en haut
par l'inspiration de la grâce céleste,
pour accomplir sur terre des miracles d'exception.
Je n'eus jamais affaire aux esprits mauvais ;
mais vous qui êtes pollués par vos débauches,
tachés du sang pur des innocents,
corrompus et souillés par mille vices,
parce qu'il vous manque la grâce que d'autres possèdent,
vous jugez sur-le-champ que c'est chose impossible
que d'accomplir des merveilles sans l'aide des démons.
Non, quelle erreur ! Jeanne d'Arc est restée
vierge depuis sa tendre enfance,
chaste et immaculée, même en pensée ;
elle dont le sang virginal, répandu si cruellement,
criera vengeance aux portes du ciel.

---

8. **guiltless** : adj. dérivé, cher à l'auteur ; litt. *sans culpabilité* → *non coupable* → *innocent* ≠ **guilty** ['gilti] *coupable*.
9. **to want** (ici) **to lack** *manquer de*.
10. **straight** (ici adv.) **immediately**.
11. **misconceived** : litt. *mal conçu* → *mal compris* → *erroné*.
12. **in very thought** = **even in her thoughts**.
13. **thus rigorously effus'd** = **thus cruelly spilled** = *répandu si cruellement*.

Can[1] you not see? or will ye not observe
The strangeness of his alter'd countenance?
With what a majesty he bears himself,
How insolent of late[2] he is become[3],
How proud, how peremptory, how unlike himself?
We know the time since[4] he was mild and affable,
An[5] if we did but glance a far-off look,   10
Immediately he was upon his knee,
That all the court admir'd him for submission:
But meet him[6] now, and, be it in the morn[7],
When everyone will give the time of day,
He knits his brow and shows an angry eye,
And passeth by with stiff unbowed[8] knee,
Disdaining duty that to us belongs[9].
Small curs are not regarded when they grin[10],
But great men tremble when the lion roars;
And Humphrey is no little man in England.   20
First note that he is near you in descent,
And should you fall, he is the next will mount[11].
Me seemeth[12] then it is no policy,
Respecting what a rancorous mind he bears,
And his advantage following your decease,
That he should[13] come about your royal person
Or be admitted to your highness' council.

---

1. **can you not see ?** : **can**, modal de perception, est souvent sous-
   entendu en français.
2. **of late = lately** : *dernièrement*.
3. **he is become** : cf. en français *il est devenu* ; en anglais moderne
   on a **be/have** : état/processus.
4. **the time since** : pour **the time when**.
5. **an** : pour **and**
6. **meet him** : pour **if you meet him** (cf. fr. *rencontrez-le*) ; **be it**,
   pour **if it be** ; de même 1.22, **should you fall**, pour **if you should
   fall** : sur inversion, avec **if** omis, cf. § 5.5 dans l'introduction.

Henry VI, 2e partie (III,1,4–27)

Ne voyez-vous donc pas ? ou n'avez-vous pas noté
l'étrange changement dans son attitude ?
avec quelle majesté il se comporte ?
comme il est devenu depuis peu insolent,
fier, péremptoire, bref, différent de lui-même ?
Nous avons connu un temps où il était doux et affable ;
si nous lui jetions ne fût-ce qu'un coup d'œil lointain,
immédiatement il était à genoux ;
au point que toute la cour admirait sa soumission.
Mais rencontrez-le à présent, et que ce soit le matin,
à l'heure où tout le monde vous donne le bonjour,
lui fronce le sourcil, montre un œil furieux,
et passe devant nous, le genou raide, inflexible,
dédaignant l'hommage qui nous est dû.
On ne prend pas garde aux petits roquets qui grondent,
mais les grands hommes tremblent quand rugit le lion ;
et Humphrey n'est pas, en Angleterre, un petit personnage.
Notez d'abord que, par descendance, il est proche de vous,
et que, si vous deviez tomber, il est le prochain à régner.
Il me semble donc qu'il n'est pas de bonne politique,
considérant l'esprit rancunier qu'il arbore,
et les avantages qu'il tirerait de votre décès,
qu'il tourne autour de votre royale personne,
ou qu'il soit admis au conseil de Votre Altesse.

---

7. **morn** : poét. pour **morning**.
8. **unbowed** : litt. *non fléchi* ; de **to bow** [bau]
9. **to belong (to)** = *appartenir (à)*.
10. **to grin** = *gronder en montrant les dents*.
11. **the next (who) will mount** = **ascend the throne**.
12. **me seemeth** (arch. =) **it appears to me**.
13. **should** : auxiliaire du subjonctif hypothétique, dans le cas d'une
    éventualité réalisable.

She-wolf[1] of France, but worse than wolves of France,
Whose tongue more poisons than the adder's tooth!
How ill-beseeming[2] is it[3] in thy sex
To triumph, like an Amazonian trull[4],
Upon their woes whom fortune captivates[5]!
But that thy face is, visor-like, unchanging,
Made impudent with use of evil deeds,
I would assay[6], proud queen, to make thee blush:
To tell thee whence[7] thou cam'st, of whom deriv'd,
Were[8] shame enough to shame thee, wert thou not
    shameless.   120
Thy father bears the type[9] of King of Naples,
Of both the Sicils[10] and Jerusalem;
Yet not so wealthy as an English yeoman[11].
Hath that poor monarch taught thee to insult?
It needs not, nor it boots thee not[12], proud queen,
Unless the adage must be verified,
That beggars mounted run their horse[13] to death.
'Tis beauty that doth oft make women proud;
But, God He knows, thy share thereof[14] is small:
'Tis virtue that doth make them most admir'd;   130
The contrary doth make thee wonder'd at:
'Tis government[15] that makes them seem divine;
The want thereof makes thee abominable.
Thou art as opposite to every good
As the Antipodes are unto[16] us,
Or the south to the septentrion.
O tiger's heart wrapp'd in a woman's hide[17]!

---

1. **wolf** [wulf] (pl. **wolves**) = *loup* ; **she-wolf** = *loup femelle, louve*.
2. **ill-beseeming** = **unbecoming** = *inconvenant* ; **to become sb** = *seoir à qn*.
3. **is it** : pour **it is** en anglais moderne (exclamative ≠ interrogative)
4. **trull** : (arch.) **prostitute**.
5. **their woes** (= **the woes of those**) **whom fortune captivates** : (ici =) **captures**.
6. **to assay** : arch. (cf. français *essayer*) = **to attempt** : *tenter*.
7. **whence** : (-**ce** = -**es** = -**s** : gén. adv.) **from what place** (cf. **hence**, **thence**).
8. **were** : (ici, semi-modal =) **would be** (cf. introd.)

Henry VI, 3ᵉ partie (I,4,111–137)

Louve de France, mais pire que les loups de France,
toi dont la langue est plus venimeuse que dent de vipère !
Comme il sied mal à ton sexe
de triompher, telle une grue d'Amazonie,
du malheur de ceux qu'enchaîne la fortune !
N'était-ce que ton visage, tel un masque, est impassible,
fait à l'impudeur par l'usage d'actes mauvais,
j'essaierais, reine altière, de te faire rougir ;
te dire d'où tu es venue, de qui tu descends,/ serait assez
de honte pour te donner honte, si tu n'étais éhontée.
Ton père porte le titre de roi de Naples,
des deux Siciles et de Jérusalem ;
pourtant il est moins riche qu'un fermier anglais.
Est-ce ce pauvre monarque qui t'a appris à insulter ?
C'est pour toi inutile et sans profit, reine altière,
à moins que tu ne veuilles justifier l'adage :
« Gueux en selle galope, à crever son cheval. »
C'est souvent la beauté qui donne aux femmes la fierté ;
mais Dieu sait que, pour la beauté, ta part est bien petite.
C'est la vertu qui leur vaut le plus d'admiration ;
mais c'est par son contraire que tu étonnes.
C'est la pudeur qui les fait paraître divines ;
mais tu en manques au point d'être abominable.
Tu es l'opposé de tout ce qui est bon,
comme les antipodes le sont pour nous,
comme le sud l'est du septentrion.
O cœur de tigre caché sous la peau d'une femme !

---

9. **type** : ici, arch. pour **title** = *titre*.
10. **both the Sicils = Naples and Sicily**.
11. **yeoman** ['jəumən] = **land-holding farmer** ≠ *franc-tenancier*.
12. **nor it boots thee not** : (arch.) **it is useless for you** ; **nor... not** :
    double négation (cf. introd.).
13. **horse** : sg à valeur pl. (cf. Sonnet 91) ; **horses** = 2 syllabes.
14. **thereof** : (littér.) **of that** ; **here/there/where** + prép = prép +
    this/that/which.
15. **government** : (ici, sens arch.) **manner**, **tact**.
16. **unto** : (arch.) **to**.
17. **hide = skin** : *peau*.

The Comedy of Errors
La Comédie des méprises

Cette comédie écrite en **1592**, jouée en 1594, imprimée dans l'in-folio de 1623, semble s'inspirer des *Ménechmes* de Plaute (mêmes erreurs d'identité dues à la ressemblance des jumeaux).

Par suite d'un conflit entre les villes d'Ephèse et de Syracuse, tout Syracusain trouvé à Ephèse est mis à mort s'il ne peut pas payer une rançon de mille marcs. C'est le cas d'Aegeon (Egéon), marchand de Syracuse, qui comparaît devant le duc d'Ephèse, après avoir été arrêté. Il a beau raconter qu'au cours d'un naufrage il s'est trouvé séparé, avec l'un de ses fils jumeaux et l'esclave de ce dernier, de sa femme, ainsi que de l'autre jumeau et de son esclave ; et que depuis cinq ans il les recherche en vain : le duc, bien qu'ému, ne peut que donner à Egéon jusqu'au soir pour trouver la rançon. Précisons que les deux fils d'Egéon, qui se ressemblent « à s'y méprendre », se nomment tous les deux Antipholus, et que les deux esclaves, qui sont aussi jumeaux, se nomment Dromio. Or l'Antipholus recherché habite à Ephèse avec son esclave. D'où une série de méprises. En fin de compte Antipholus d'Ephèse est enfermé comme fou ; et Antipholus de Syracuse se réfugie dans un couvent.

Par bonheur, au moment où Egéon va être exécuté, l'apparition des deux Antipholus explique les méprises. Egéon retrouve son fils, qui lui sauve la vie ; et l'abbesse d'Ephèse, qui avait caché Antipholus de Syracuse, se révèle être l'épouse d'Egéon.

L'extrait choisi est composé en vers rimés alternés qui forment une succession de quatrains (abab, cdcd, etc.).

Situation de l'extrait nº 5, III,2,29–52

La scène 2 de l'acte III se passe, comme la précédente, devant la maison d'Antipholus d'Ephèse. Entrent Lucienne, sœur d'Adrienne (femme d'Antipholus d'Ephèse), et Antipholus de Syracuse. Lucienne le prend pour son beau-frère, et lui reproche vertement de négliger les devoirs d'un bon époux : s'il aime une autre femme, que son 'épouse « ne le lise pas dans (ses) yeux ! ». Qu'il soit « discrètement perfide ! ».. Elle insiste pour qu'il aille consoler Adrienne. Antipholus lui ré-

---

Antipholus (James Dale)
et Adriana (Valérie Tudor)
dans *La Comédie des erreurs*

Sweet mistress, what your name is else[1] I know not,
  Nor by what wonder you do hit[2] of mine.   30
Less in your knowledge and your grace you show not
  Than our earth's wonder[3], more than earth divine.
Teach me, dear creature, how to think and speak.
  Lay open to my earthy gross conceit[4],
Smothered in errors, feeble, shallow, weak,
  The folded[5] meaning of your words' deceit[6].
Against my soul's pure truth why labour[7] you
  To make it wander in an unknown field?
Are you a god? Would you create me new?
  Transform me, then, and to your power I'll yield[8].   40
But if that[9] I am I, then well I know
  Your weeping sister is no wife of mine,
Nor to her bed no[10] homage do I owe.
  Far more, far more to you do I decline[11].
O, train[12] me not, sweet mermaid, with thy note[13]
  To drown me in thy sister's flood of tears.
Sing, siren, for thyself, and I will dote[14].
  Spread o'er the silver waves thy golden hairs[15]
And as a bed I'll take thee, and there lie,
  And in that glorious supposition[16] think   50
He gains by death that hath such means to die.
  Let love, being light, be drowned if she sink.

---

1. **what else** = *quoi d'autre.*
2. **to hit** (**hit**) = *frapper* ; **of** : (ici) **on**.
3. **wonder** : s'agit-il de la reine ?
4. **conceit** : (sens arch. =) **understanding**.
5. **folded** : litt. *plié* ; ici = **hidden**.
6. **deceit** = *tromperie* (▲ **to deceive** = *tromper*).
7. **to labour** = **to work hard**. ▲ ≠ **to plough** = *labourer*.
8. **to yield** [ji :ld] = *céder.*

La Comédie des méprises (III,2,29–52)

Charmante dame, car je ne vous connais point d'autre nom,
  ni ne sais par quel prodige vous devinez le mien.
Par votre savoir et votre grâce vous ne paraissez pas moindre
  que la merveille de notre terre, plus divine que la terre.
Apprenez-moi, chère créature, à penser et à parler.
  Dévoilez à mon grossier entendement terrestre,
étouffé sous les méprises, faible, superficiel, débile,
  le sens caché de vos trompeuses paroles.
Pourquoi vous opposer à la pure vérité de mon âme,
  pour l'égarer dans un domaine inconnu ?
Êtes-vous une déesse ? Prétendez-vous me re-créer ?
  Alors, transformez-moi, et je céderai à votre pouvoir.
Mais si je suis moi-même, alors je sais bien
  que votre sœur éplorée n'est point ma femme,
et qu'à son lit je ne dois pas le moindre hommage.
  C'est bien plus, bien plus vers vous que j'incline.
O douce sirène, ne m'attire point avec ton chant,
  pour me noyer dans le flot de larmes de ta sœur.
Sirène, chante pour toi-même, et je serai fou de toi.
  Épands sur les vagues argentées tes cheveux d'or :
je ferai de toi mon lit, et m'y coucherai.
  Dans cette éclatante illusion, je penserai
qu'il gagne en mourant celui qui a de tels moyens de mourir.
  Que l'amour, si léger soit-il, se noie si elle-même sombre !

---

9. **if that** : pour **if**.
10. **nor... no** : double nég. ; **no** renforce **nor**.
11. **to decline** : (sens arch. =) **to incline**.
12. **to train** : (sens arch. =) **to entice**, **to lure**.
13. **note** : (ici =) **song**.
14. **to dote (on)** = *raffoler (de)*.
15. **hairs** : **s** pour la rime + *cheveux* pris séparément.
16. **supposition** : (sens arch.) *illusion, hypothèse*.

Le roi Richard III

Richard III

Ce long drame historique (3 500 vers et 55 lignes de prose dans l'in-folio de 1623), écrit vers **1592**, imprimé in-quarto en 1597, s'inspire d'Holinshed, et peut-être d'une pièce antérieure sur le même sujet ; mais la chute de l'usurpateur de la maison d'York, et l'accession du premier roi Tudor, était un sujet très populaire à l'époque. La pièce fait suite à la 3e partie du *Roi Henry VI*.

Toute l'œuvre est axée autour du personnage de Richard de Gloucester (Gloster). On est frappé par le contraste entre l'énergie démoniaque de ce monstre d'ambition et de duplicité, et ce corps tordu et atrophié.

Pour accéder au trône, Richard doit éliminer son propre frère Clarence, ainsi que les enfants d'Edouard IV, ses propres neveux. Il parvient à séduire Lady Anne, veuve d'Edouard, prince de Galles, tandis qu'elle accompagne le corbillard de son beau-père. Devenu roi sous le nom de Richard III, il règne par la terreur ; mais hanté par les spectres de ses victimes, vaincu par le comte de Richmond, le futur Henry VII, Richard trouve la mort, se conduisant avec bravoure (« Un cheval ! Mon royaume pour un cheval ! » V,4,7), à Bosworth, en 1485.

Situation de l'extrait nº 6, I,4,9–33.

La scène se passe à la Tour de Londres. Gloster, qui « fait le mal et est le premier à brailler », y a fait emprisonner Clarence. A la fin de la scène 3, Gloster reçoit les assassins qui viennent prendre l'ordre d'exécution. Ils promettent d'aller vite en besogne.

Au début de la scène 4, Clarence explique au Lieutenant de la Tour qu'il a passé une nuit fort mauvaise, peuplée de rêves effrayants.

Methoughts[1] that I had broken from the Tower
And was embarked to cross to Burgundy,   10
And in my company my brother Gloucester,
Who from my cabin tempted me to walk
Upon the hatches[2]; thence we looked toward England
And cited up a thousand heavy times,
During the wars of York and Lancaster,
That had befallen us. As we paced along
Upon the giddy[3] footing of the hatches,
Methought that Gloucester stumbled, and in falling
Struck me, that thought to stay him, overboard
Into the tumbling[4] billows[5] of the main[6].   20
O Lord! Methought what pain it was to drown!
What dreadful noise of waters in mine ears!
What sights of ugly death within mine eyes!
Methoughts I saw a thousand fearful wracks;
A thousand men that fishes gnawed upon;
Wedges[7] of gold, great anchors, heaps of pearl,
Inestimable stones, unvalued[8] jewels,
All scattered in the bottom of the sea.
Some lay in dead men's skulls, and in the holes
Where eyes did once inhabit, there were crept,   30
As 'twere in scorn of eyes, reflecting gems,
That wooed the slimy bottom of the deep
And mocked the dead bones that lay scattered by[9].

---

1. **methoughts** : (**s** parasite) prét. de **methinks** : (arch. =) **I think**.
2. **hatches** = *écoutilles* (ici = *planches du pont*).
3. **giddy** : (ici, sens actif =) **rendering dizzy** = *donnant le vertige*.
4. **to tumble** = **to fall violently**.
5. **billow** = **great wave** (poét.).

Richard III (I,4,9–33)

Il me semblait que je m'étais évadé de la Tour,
embarqué pour traverser vers la Bourgogne,
en compagnie de mon frère Gloster
qui m'invitait à quitter ma cabine pour me promener
sur le pont. De là nous regardions vers l'Angleterre,
nous remémorant mille moments pénibles,
durant les combats d'York et de Lancastre,
qui nous étaient survenus. Comme nous arpentions
le plancher chancelant du tillac,
il me sembla que Gloster trébuchait et qu'en tombant,
alors que je tentais de le retenir, d'un coup, par-dessus bord
il me projeta dans les flots tumultueux de l'océan.
Seigneur ! Quelle souffrance, me sembla-t-il, c'était de se
      noyer !
Quel horrible bruit de l'eau dans mes oreilles !
Quelles visions hideuses de la mort devant mes yeux !
Il me sembla voir mille effroyables naufrages ;
un millier d'hommes rongés par les poissons ;
des lingots d'or, de grandes ancres, des tas de perles,
des pierres précieuses et autres joyaux inestimables,
tout cela éparpillé au fond de la mer.
Il s'en trouvait dans des crânes de morts ; et dans les trous
où jadis habitaient les yeux, s'étaient glissées,
comme pour narguer les yeux, des gemmes étincelantes
qui courtisaient le fond boueux des profondeurs,
et se moquaient des ossements éparpillés çà et là.

---

6. **the main (sea)** = *le* (grand) *large, l'océan.*
7. **wedge** = *cale* ; (ici =) **ingot** = *lingot*
8. **unvalued** : (arch.) **invaluable, priceless.**
9. **scattered by** = **near, about.**

The Taming of the Shrew
La Mégère apprivoisée
(ou : Comment mater une chipie)

Comédie écrite vers **1593-1594**, tirée en partie d'une pièce, *The Taming of a Shrew*, publiée en 1594. Le texte se trouve dans l'in-folio de 1623.

La situation de Baptista, gentilhomme de Padoue, est classique dans le théâtre... et dans la vie ! Il est le père de la charmante Bianca, que trois seigneurs au moins poursuivent de leurs assiduités, et de sa sœur aînée Katharina, « virago notoire » que Baptista veut absolument « caser », avant de marier Bianca.

Petruchio, gentilhomme de Vérone, a compris que si Kate (abréviation de Katharina) a un si mauvais caractère, c'est que personne jusqu'à présent n'a eu assez d'énergie pour la dominer. Il décide de la courtiser « gaillardement » et de l'épouser. Baptista accepte volontiers. Le jour du mariage, Petruchio se fait attendre, puis il apparaît, déguisé en épouvantail ; il gifle le curé, refuse d'assister au repas de noce et ramène sa femme chez lui. Là, il l'empêche de manger et de dormir, prétextant que ce qu'on lui offre est indigne d'elle. Il la soumet à ses caprices, à ses brimades, brise son orgueil et, pour finir, la reconduit, complètement matée, chez son père.

Au cours d'une fête où l'on met à l'épreuve la docilité des épouses, Petruchio et Kate l'emportent avec brio.

Situation de l'extrait n⁰ 7, II,1,148–60 & 167–81.

Hortensio et Lucencio sont épris de Bianca que Baptista ne veut pas laisser courtiser, tant que sa sœur aînée n'aura pas trouvé un mari. Ils se présentent donc déguisés, l'un en maître de musique, l'autre en professeur de langues. Baptista les accepte. Les leçons commencent. Bientôt Hortensio, qui a affronté Katharina, revient en piteux état.

La Mégère apprivoisée

Bapt. Why then, thou canst not break her to the lute?
Hort. Why no, for she hath broke[1] the lute to me.
I did but tell her she mistook her frets[2],   150
And bowed her hand to teach her fingering,
When, with a most impatient devilish spirit,
"Frets, call you these?" quoth[3] she, "I'll fume with them".
And with that word she struck me on the head,
And through the instrument my pate[4] made way,
And there I stood amazed for a while,
As on a pillory, looking through the lute,
While she did call me rascal fiddler
And twangling Jack[5], with twenty such vile terms,
As had she studied[6] to misuse[7] me so.   160
...

Bapt. Signor Petruchio, will you go with us,
Or shall I send my daughter Kate to you?
Petr. I pray you do. (*Exeunt*) I'll attend[8] her here,
And woo her with some spirit[9] when she comes.   170
Say that she rail, why then I'll tell her plain[10]
She sings as sweetly as a nightingale.
Say that she frown, I'll say that she looks as clear
As morning roses newly washed with dew.
Say she be mute and will not speak a word,
Then I'll commend her volubility,
And say she uttereth piercing eloquence:
If she do bid me pack[11], I'll give her thanks,
As though she bid me stay by her a week.
If she deny to wed, I'll crave[12] the day   180
When I shall ask the banns, and when be married.

---

1. **broke** : p.p. pour **broken**.
2. **fret** = *touche* ; et jeu de mots sur l'expression **to fret and fume** = *se ronger et rager, se ronger d'impatience*.
3. **quoth** : (arch.) **said**.
4. **pate** = **head**.
5. **to twangle** : (arch.) **to twang** = *nasiller* ; **Jack** : terme de mépris à l'époque.
6. **as had she studied** = **as if she had studied**.

La Mégère apprivoisée (II,1,148–60 et 167–81)

Bapt. Mais alors, tu ne peux point la rompre au luth ?
Hort. Que non ! c'est elle qui a rompu son luth sur moi.
Je lui disais simplement qu'elle se trompait de touche,
et lui pliais la main pour lui apprendre le doigté,
lorsque, dans un accès de fureur vraiment diabolique :
« Vous appelez ça des touches ? » dit-elle, « je vais vous les
    faire toucher. »
A ces mots, elle m'a frappé sur la tête :
et ma tête de passer à travers l'instrument.
Pendant un moment je suis resté ébahi,
émergeant du luth comme d'un pilori,
tandis qu'elle me traitait de misérable violoneux,
de Jacquot crincrin, et de vingt autres termes grossiers ;
à croire qu'elle avait appris à m'insulter ainsi

....

Bapt. Signor Petruchio, voulez-vous nous accompagner,
ou dois-je vous envoyer ma fille Kate ?
Petr. Oui, je vous en prie. (*Il reste seul.*) Je l'attends ici.
Quand elle viendra, je lui ferai une cour gaillarde.
Mettons qu'elle invective : eh bien je lui dirai tout net
que son chant a la douceur du rossignol.
Mettons qu'elle se renfrogne : je lui dis que son regard a la
    clarté
des roses matinales juste perlées de rosée.
Mettons qu'elle soit muette et refuse de dire un mot :
alors je louerai sa volubilité,
et parlerai de la pénétration de son éloquence.
Si elle m'invite à partir, je la remercierai,
comme si elle m'invitait à rester une semaine auprès d'elle.
Si elle refuse de m'épouser, j'insisterai pour savoir
quel jour je dois publier les bans, et celui de notre mariage.

---

7. **to misuse** : litt. *mal user* (*de*) ; d'où : *maltraiter*.
8. **to attend** : sens arch. fr. ; en anglais moderne = *assister à ; accompagner*.
9. **spirit** = 1. : *esprit* ; 2. : *énergie*.
10. **plain**, pour **plainly** = *clairement, carrément*.
11. **to pack** (**one's luggage**) = *faire sa valise* ; d'où : *partir*.
12. **to crave** = *solliciter* ; **to crave for** = *réclamer instamment*.

The Two Gentlemen of Verona
Les Deux Gentilshommes de Vérone

Cette comédie fut sans doute écrite dès **1590**, au plus tard en **1594**, et imprimée dans l'in-folio de 1623. L'intrigue est empruntée à un roman espagnol, la *Diana Enamorada* de Jorge de Montemayor.

En lisant le titre, et s'agissant d'une comédie, on peut imaginer que la pièce, après maints imbroglios amoureux et le recours rituel au déguisement, va régler le sort des deux protagonistes, ici Valentin et Protée.

C'est ce qui se passe. Au début, pas de problème : Protée est épris de Julie qui le paie de retour ; Valentin, désireux de « voir les merveilles du monde », quitte Vérone et ne peut que tomber amoureux de Silvie, fille du duc de Milan. L'affaire se corse lorsque Protée, quittant Vérone à son tour, arrive à Milan où il est subjugué par Silvie. Les choses se gâtent lorsque Protée provoque par des moyens indignes le bannissement de Valentin, et que Julie, déguisée en garçon, devient son page. Suit un chassé-croisé : Silvie, partie rejoindre Valentin, est capturée par des brigands et sauvée par Protée qui poursuit sa conquête, au grand dam de son page ; mais l'intrigue se dénoue, le *deus ex machina* intervient, lorsque Julie se pâme, et que Protée, découvrant l'identité du faux page, retrouve sa flamme pour celle qui n'a jamais cessé de l'aimer ; cependant que Valentin, revenu d'exil, obtient finalement la main de Silvie.

Situation de l'extrait n° 8, II ,7,9–38.

Rédigé dans un style souvent « précieux », qui n'est pas sans rappeler celui de Lyly, l'auteur de *Euphues* (1578), et qui rebute parfois par ses longueurs, l'acte II de la comédie se situe tantôt à Milan (scènes 1, 4 et 6), tantôt à Vérone (scènes 2, 3, 5 et 7).

La scène 7 se passe dans la maison de Julie. Celle-ci demande conseil à sa suivante, Lucette, sur le moyen de rejoindre Protée. « Hélas, dit Lucette, la route est longue et pénible. » L'entretien se poursuit.

Les Deux Gentilshommes de Vérone
(Tableau de William Holman Hunt)

Julia. A true[1]-devoted pilgrim is not weary
To measure kingdoms with his feeble steps,   10
Much less shall she[2] that hath Love's wings to fly,
And when the flight is made to one so dear,
Of such divine perfection as Sir Proteus.
Lucetta. Better forbear[3], till Proteus make return.
Julia. O, know'st thou not his looks are my soul's food?
Pity the dearth that I have pined in,
By longing for that food so long a time.
Didst thou but know the inly[4] touch of love,
Thou wouldst as soon go[5] kindle fire with snow
As seek to quench the fire of love with words.   20
Lucetta. I do not seek to quench your love's hot fire,
But qualify the fire's extreme rage,
Lest it should burn above the bounds of reason.
Julia. The more thou damm'st[6] it up, the more it burns:
The current that with gentle murmur glides,
Thou know'st, being stopp'd impatiently doth rage;
But when his fair course is not hindered,
He makes sweet music with th'enamell'd[7] stones,
Giving a gentle kiss to every sedge
He overtaketh[8] in his pilgrimage.   30
And so by many winding nooks[9] he strays
With willing[10] sport to the wild ocean.
Then let me go, and hinder not my course.
I'll be as patient as a gentle stream,
And make a pastime[11] of each weary step,
Till the last step have brought me to my love,
And there I'll rest, as after much turmoil[12]
A blessed[13] soul doth in Elysium.

---

1. **true** : pour **truly**.
2. **much less shall she** (**be weary**).
3. (**you had**) **better forbear** : litt. *vous feriez mieux de vous abstenir.*
4. **inly** : (poét. =) **inward** = *intérieur.*
5. **thou wouldst as soon go** : litt. *tu irais tout autant.*
6. **to dam** = *endiguer* (**dam** = *barrage*).
7. **enamel** : (vx fr. *en émail*) = *émail.*

Les Deux Gentilshommes de Vérone (II,7,9–38)

Julie. Un pèlerin vraiment dévot ne se lasse pas
de parcourir des royaumes de ses faibles pas ;
bien moins encore celle qui vole sur les ailes de l'amour,
lorsque son vol la porte vers quelqu'un de si cher,
et d'aussi divine perfection que messire Protée.

Lucette. Mieux vaudrait patienter jusqu'au retour de Protée.

Julie. Oh ! ne sais-tu pas que ses regards sont la nourriture
de mon âme ?
Aie pitié de la disette où j'ai langui,
en aspirant à ce mets depuis si longtemps.
Si tu savais seulement combien l'amour me touche en moi,
tu chercherais plutôt à allumer du feu avec de la neige,
qu'à tenter d'éteindre avec des mots le feu de l'amour.

Lucette. Je n'essaie pas d'éteindre le feu ardent de votre
amour,
mais d'en tempérer l'extrême fureur,
de peur qu'elle ne brûle au-delà des bornes de la raison.

Julie. Plus tu la veux contenir, plus elle brûle.
Le courant qui glisse avec un doux murmure,
tu le sais bien, si on l'arrête, rage d'impatience ;
mais quand son cours normal n'est pas entravé,
il fait une douce musique sur les cailloux émaillés,
donnant un tendre baiser à chaque laîche
qu'il rencontre en son pèlerinage.
Ainsi par maints recoins sinueux il erre,
et va folâtrant jusqu'à l'océan furieux.
Laisse-moi donc partir, n'entrave point mon cours.
Je serai aussi patiente qu'un doux ruisseau,
et prendrai plaisir à la fatigue de chaque pas,
jusqu'à ce que le dernier m'ait conduite à mon amour.
Là je me reposerai comme, après bien des tourments,
le fait une âme élue dans l'Elysée.

---

8. **to overtake** = 1. *rattraper* ; 2. *doubler, dépasser.*
9. **nook** = **corner**.
10. **willing** = **ready**.
11. **pastime** : cf fr. *passe-temps.*
12. **turmoil** = *agitation, trouble, émoi.*
13. **to bless** : ▲ *bénir* ≠ *blesser* = **to hurt, injure**.

Romeo and Juliet
Roméo et Juliette (vers 1594)

C'est la première grande œuvre tragique de Shakespeare. Si l'on en juge par le nombre des représentations et par celui des in-quarto publiés du vivant de l'auteur, la pièce eut beaucoup de succès. C'est le texte du deuxième in-quarto (1599) qui sert de base aux éditions modernes.

L'intrigue s'inspire de plusieurs œuvres, en particulier du poème de 3 000 vers d'Arthur Brooke, *Romeus and Juliet*, publié en 1562. A l'origine un fait (contesté) se serait produit en 1303, à en croire l'*Histoire de Vérone* de Girolamo de la Corte (1594–96). Parmi les autres sources possibles, les *Novelle* de Matteo Bandello (1554).

Dans la Vérone de la Renaissance, deux grandes familles, les Montaigu et les Capulet, nourrissent l'une pour l'autre une haine mortelle. Par un caprice du destin, lors d'une fête donnée par le vieux Capulet, Roméo, fils du vieux Montaigu, et Juliette, fille de Capulet, s'éprennent l'un de l'autre, bien que Roméo soit masqué (pour ne pas être reconnu). La fête finie, la chance veut que Roméo, se trouvant sous la fenêtre de Juliette, l'entende confesser son amour pour lui. Dès le lendemain, le frère Laurent les marie secrètement. A partir de là, l'action s'accélère : la tragédie des vengeances et celle des méprises se conjuguent dans l'imprévisible : Mercutio, ami de Roméo, et Tybalt (Tibert), un Capulet, se querellent ; Roméo intervient, afin de calmer Tibert ; en vain : Mercutio et Tibert se battent ; Mercutio tombe ; Roméo dégaine et tue Tibert ; arrivent le duc, Montaigu et Capulet : Roméo est banni. Le lendemain, sur le conseil du frère, Roméo quitte Vérone pour Mantoue. Or Capulet veut forcer Juliette à épouser le comte Pâris. Que faire ? Le frère Laurent suggère astucieusement à Juliette d'accepter le mariage, mais de boire, la nuit précédente, une potion qui lui donnera l'apparence de la mort pendant quarante heures. Il lui promet de prévenir Roméo ; malheureusement son message n'arrive pas à destination. Roméo apprend la mort de Juliette, dont le corps est déposé dans le caveau de famille. Il se procure du poison et vient au caveau, afin de voir Juliette une dernière fois. Il y trouve le comte Pâris ; ils se battent ; Pâris est tué. Roméo, après un dernier baiser, boit le poison et meurt. A son réveil, Juliette découvre Roméo, mort près d'elle, tenant encore la coupe dans sa main. Devinant ce qui s'est passé, elle se poignarde et meurt. Toute la vérité est enfin révélée par le frère Laurent. Montaigu et Capulet, constatant les lourdes conséquences de leur hostilité, décident de se réconcilier.

Si l'on s'accorde généralement à penser que *Roméo et Juliette* porte la marque évidente du génie de Shakespeare, ce n'est pas seulement dû au traitement de la tragédie ; c'est aussi dans le dosage subtil du tragique et du comique ; c'est enfin dans la beauté de la poésie : aisance innée dans le maniement d'une langue en évolution ; rythme binaire et musique savante du vers ; souplesse de la syntaxe ; richesse inouïe des images ; intrusion quasi spontanée dans le royaume merveilleux des fées ou dans le monde redoutable des ombres. Tout ceci est d'ailleurs rehaussé par la finesse de l'analyse psychologique.

Réduisant la durée de la tragédie à quatre jours, Shakespeare présente un drame dense, complexe, dont les protagonistes n'ont ni passé, ni futur : la caméra du temps présent les fixe au paroxysme de l'amour, aux prises avec la fatalité de la haine et de la mort. Doit-on, avec René Lalou, faire de *Roméo et Juliette* la juvénile contrepartie d'*Antoine et Cléopâtre* ?

Situation de l'extrait nº 9, i,4,53–81.

Après trois scènes d'exposition, la scène 4 nous montre Roméo et Mercutio parlant d'amour. On voit tout de suite la richesse d'expression et de cœur dont Shakespeare a pourvu ce dernier, avant d'en faire son porte-parole poétique dans la tirade célèbre sur la Reine Mab, d'où est tiré ce premier extrait.

Situation de l'extrait nº 10, v,3,88–97 & 101–120.

La scène se passe au cimetière, près du caveau des Capulet ; Roméo et le comte Pâris s'y rencontrent. Malgré les paroles apaisantes de Roméo, Pâris l'insulte et le provoque : ils se battent ; Pâris meurt en suppliant Roméo de le coucher près de Juliette : Roméo acquiesce. Suit un monologue de Roméo.

O, then I see Queen Mab[1] hath been with you.
She is the fairies' midwife[2], and she comes
In shape no bigger than an agate stone
On the forefinger of an alderman,
Drawn with a team of little atomies[3]
Over men's noses as they lie asleep.
Her chariot is an empty hazelnut,
Made by the joiner squirrel or old grub,   60
Time out o'mind the fairies' coachmakers.
Her wagon spokes[4] made of long spinners'[5] legs;
The cover, of the wings of grasshoppers;
Her traces[6], of the smallest spider web;
Her collars, of the moonshine's watery[7] beams;
Her whip, of cricket's bone; the lash, of film[8];
Her wagoner, a small grey-coated gnat,
Not half so big as a round little worm
Pricked[9] from the lazy finger of a maid.
And in this state she gallops night by night   70
Through lovers' brains, and then they dream of love;
O'er courtiers'[10] knees, that dream on curtsies straight;
O'er lawyers' fingers, who straight dream on fees;
O'er ladies' lips, who straight on kisses dream,
Which oft the angry Mab with blisters plagues,
Because their breaths[11] with sweetmeats tainted are.
Sometimes she gallops o'er a courtier's nose,
And then dreams he of smelling[12] out a suit[13].
And sometime comes she with a tithe[14]-pig's tail
Tickling a parson's nose as 'a[15] lies asleep;   80
Then he dreams of another benefice.

---

1. **Queen Mab** : peut-être formé sur le gaélique **maban**, *bébé*.
2. **midwife** : sage-femme; ici, la fée qui « *délivre* » les fantasmes des hommes.
3. **atomies** : (arch. =) **little atoms, tiny beings**.
4. **her wagon spokes** : litt. *les rayons de son chariot*.
5. **spinner** : de **to spin (spun)** = *filer*; ici = **spider**.
6. **trace** : *trait* (de *harnais*).
7. **watery** = *aqueux* (lune associée aux marées et à la rosée).
8. **film** : (ici) **gossamer**.

Roméo et Juliette (I,4,53–81)

Oh ! alors je vois que la Reine Mab vous a fait visite.
C'est l'accoucheuse des fées ; elle vient,
de forme pas plus grosse qu'une pierre d'agate
à l'index d'un échevin,
traînée par un attelage d'êtres minuscules,
par-dessus le nez des hommes qui sommeillent.
Son char est une noisette vide
façonnée par l'écureuil menuisier ou par quelque vieux ver,
de temps immémorial les carrossiers des fées.
Les rayons de ses roues sont faits de longues pattes de
    faucheux ;
la capote, d'ailes de sauterelles ;
ses traits, de la plus petite toile d'araignée ;
ses colliers, d'humides rayons de clair de lune ;
son fouet, d'un os de grillon ; la mèche, d'un fil de la Vierge ;
son cocher, un petit moucheron à cotte grise,
moins gros que la moitié d'un petit ver rond
que l'on retire en piquant le doigt paresseux d'une servante.
Dans ce faste, nuit après nuit elle galope,
à travers le cerveau des amoureux, et alors ils rêvent d'amour ;
sur les genoux des courtisans qui aussitôt rêvent de
    courbettes ;
sur les doigts des hommes de loi qui aussitôt rêvent
    d'honoraires ;
sur les lèvres des dames qui aussitôt rêvent de baisers ;
et souvent, furieuse, Mab les tourmente de cloques,
parce que leur haleine est gâtée par les sucreries.
Parfois elle galope sur le nez d'un courtier
qui, aussitôt, rêve qu'il flaire une poursuite.
Parfois, avec la queue d'un cochon de dîme, elle s'en vient
chatouiller le nez d'un pasteur qui sommeille :
et le voilà qui rêve d'un autre bénéfice.

---

9. **pricked (from)** : litt. *piqué pour retirer* (du doigt) ; vieil adage.
10. **courtier** = *courtisan* ; vers 77 = **broker** = *courtier ; huissier* (?).
11. **their breaths** : pluriel en anglais pour plusieurs personnes.
12. **to smell (smelled/smelt)** = *sentir* (odorat) ; **to smell out** = *découvrir en flairant.*
13. **suit** [su:t] : *poursuite ; procès.*
14. **tithe** : (arch. =) **tenth** = *dîme* (dixième).
15. **'a/a'** : forme ancienne populaire de **he** atone.

How oft when men are at the point of death
Have they been merry[1]! which their keepers call
A lightning before death. O how may I   90
Call this a lightning? O my love, my wife!
Death, that hath sucked the honey of thy breath,
Hath had no power yet upon thy beauty.
Thou art not conquered. Beauty's ensign yet
Is[2] crimson in thy lips and in thy cheeks,
And death's pale flag is not advanced[3] there.
Tybalt, liest thou there in thy bloody sheet?...
Forgive me, cousin! Ah, dear Juliet,
Why art thou yet so fair? Shall I believe
That unsubstantial[4] death is amorous,
And that the lean abhorred monster keeps
Thee here in dark to be his paramour[5]?
For fear of that I still will stay with thee
And never from this palace of dim night
Depart again. Here, here will I remain
With worms that are thy chambermaids. O here
Will I set up my everlasting rest[6]   11(
And shake[7] the yoke of inauspicious stars
From this world-wearied flesh. Eyes, look your last[8]!
Arms, take your last embrace[9]! and, lips, O you
The doors of breath, seal with a righteous kiss
A dateless bargain[10] to engrossing[11] death!
Come, bitter conduct[12], come, unsavoury guide!
Thou desperate pilot[13], now at once run on
The dashing rocks thy seasick weary bark!
Here's to[14] my love! (*He drinks*) O true Apothecary[15]!
Thy drugs are quick. Thus with a kiss I die. (*He falls*) 12(

---

1. **How oft(en)... merry** ! : proposition exclam. avec inversion poétique interrogative **have they been**.
2. **yet/Is** = *est encore*.
3. **advanced** = *avancé* (sens militaire).
4. **unsubstantial** : litt. *sans substance*.
5. **paramour** : (yx fr. *par amour*) = *amant, maîtresse*.
6. **rest** : (jeu de mots) 1. *repos* ; 2. *reste(s)*.
7. **to shake (shook, shaken) from** = *libérer d'une secousse*.
8. **look your last (look)** = *accordez un dernier regard*.

Roméo et Juliette (v,3,88–97 et 101–120)

Que de fois des hommes à l'agonie
ont été gais ! leurs veilleurs appellent cela
un éclair avant la mort. Ah ! comment puis-je
appeler ceci un éclair ? O mon amour, ma femme !
La mort, qui a sucé le miel de ton haleine,
n'a eu encore aucun pouvoir sur ta beauté.
Tu n'es pas vaincue. L'enseigne de la beauté reste
cramoisie sur tes lèvres et sur tes joues ;
et le pâle drapeau de la mort n'y est pas encore déployé.
Tibert, te voilà donc couché dans ton suaire sanglant ?...
Pardonne-moi, cousin. Ah ! chère Juliette,
pourquoi es-tu si belle encore ? Faut-il croire
que le spectre de la mort est amoureux,
que ce monstre maigre, abhorré, te garde
ici, dans les ténèbres, pour être sa maîtresse ?
Par peur de cela, je veux demeurer avec toi,
et ne plus jamais, de ce palais de la sombre nuit,
repartir. Ici, je veux rester ici,
avec les vers qui sont tes valets. Oh ! c'est ici
que je veux fixer mon repos éternel et,
d'une secousse, libérer du joug des funestes étoiles
cette chair lassée du monde. Yeux, un dernier regard !
Bras, une dernière étreinte. Oh ! vous, lèvres,
portes de mon souffle, scellez d'un baiser légitime
un pacte éternel avec la mort accaparante !
Viens, amer conducteur ; viens, guide peu appétissant !
Quant à toi, pilote désespéré, à présent jette vite
sur les brisants ta barque éprouvée par la tourmente !
Voici, à mon amour ! (*Il boit.*) Honnête apothicaire !
Tes drogues sont rapides. Ainsi sur un baiser je meurs. (*Il
tombe.*)

---

9. **embrace** : ▲ *étreinte* ≠ *embrasser* = **to kiss**.
10. **dateless bargain** = **everlasting agreement**.
11. **to engross** : ▲ *captiver* ; (ici) *accaparer*.
12. **conduct** : (ici) **conductor** (la fiole de poison) ; sens modernes :
    chef d'orchestre ; receveur de bus.
13. **desperate pilot** : c'est lui-même, ou son âme.
14. **here is to** = (*je bois*) *à la santé de.*
15. **true Apothecary** = *apothicaire fidèle* (qui lui avait promis un
    poison agissant vite).

Révisions (Extraits 1–5)

Vous avez rencontré dans les extraits que vous venez de lire l'équivalent des tournures et expressions françaises qui suivent. Vous en souvenez-vous ?

1. *Il est aussi difficile d'enseigner que d'apprendre.*
2. *Il est encore occupé à grimper aux arbres.*
3. *Pouvez-vous ajouter un chapitre au livre que je viens d'écrire ?*
4. *Laissez-moi vous dire ce que vous avez fait.*
5. *Un esprit mauvais empêche l'agneau de grandir.*
6. *Si vous êtes coupable, vous serez méprisable.*
7. *Ne soyez pas fier ; ne froncez pas les sourcils.*
8. *Il avait l'air d'un roquet qui montre les dents.*
9. *Avez-vous vu comme il est devenu insolent dernièrement ?*
10. *Un mendiant s'étonne de la richesse des autres gens.*
11. *Sa langue est pire que celle d'une vipère.*
12. *Votre père porte le titre de roi de Naples.*
13. *Quoi d'autre savez-vous à ce sujet ?*
    Que savez-vous d'autre ?
14. *On ne peut que céder au pouvoir d'une sirène.*
15. *Je vous dois ce que je possède.*

1. Teaching is as difficult as learning.
2. He is still (busy) climbing trees.
3. Can you add a chapter to the book I've just written?
4. Let me tell you what you have done.
5. A wicked spirit prevents the lamb from growing (up).
6. If you are guilty, you shall be contemptible.
7. Don't be proud; do not knit your brows.
8. He looked like a grinning dog/cur.
9. Have you seen how insolent he has become of late?
10. A beggar will wonder at the wealth of other people.
11. His/her tongue is worse than that of a viper.
12. Your father bears the title of king of Naples.
13. What else do you know about it?
14. You cannot but yield to the power of a mermaid.
15. I owe you what I own.

1. *Je m'embarquai pour traverser jusqu'en Bourgogne.*
2. *Des joyaux inestimables étaient éparpillés au fond de la mer.*
3. *Certains se trouvaient dans des crânes de morts.*
4. *Je lui disais simplement qu'elle se trompait de touches.*
5. *Il m'a dit qu'il était temps de plier bagage.*
6. *Il ne cessait de saluer, de courtiser, de prononcer des mots aimables.*
7. *Il n'est pas facile d'éteindre le feu de l'amour.*
8. *Elle chantait comme un rossignol, mais elle nasillait parfois.*
9. *Il est aussi difficile de tempérer sa fureur que d'endiguer le courant.*
10. *Le chariot de la Reine Mab est une noisette vide.*
11. *Parfois elle galope sur le nez d'un courtisan.*
12. *De temps immémorial, les enfants ont cru aux fées.*
13. *Chère Juliette, pourquoi es-tu encore si belle dans la mort ?*
14. *Je veux rester avec les vers qui sont tes valets.*
15. *O mes yeux ! regardez une dernière fois.*

1. I embarked to cross to Burgundy.
2. Priceless jewels lay scattered at the bottom of the sea.
3. Some lay in dead men's skulls.
4. I did but tell her that she mistook her frets.
5. He told me that it was time to pack (up).
6. He kept bowing, wooing, and uttering nice words.
7. It is not easy to quench the fire of love.
8. She sang like a nightingale, but twanged now and then.
9. It is as difficult to qualify his/her rage as to dam the current.
10. Queen Mab's chariot is an empty hazelnut.
11. Sometimes she gallops over a courtier's nose.
12. Time immemorial/time out of mind, children have believed in fairies.
13. Dear Juliet, why are you still so fair in death?
14. I will stay with the worms that are your servants.
15. O mine eyes, look your last (look)!

A Midsummer Night's Dream
Le Songe d'une nuit d'été

Ou plutôt, **de la mi-été**, bien que l'action se déroule dans les premiers jours de **mai** ! Comédie écrite proba-blement en **1595**, le grand nombre de vers rimés faisant d'elle l'une des premières pièces de Shakespeare.

L'auteur a emprunté *Theseus* à Plutarque et à Chaucer. Il a lu l'histoire de *Pyrame et Thisbé* dans les *Métamorphoses* d'Ovide (trad. 1587). Pour les **fées**, proches de la tradition celtique populaire, le poète a pu s'inspirer de *Discoverie of Witchcraft* de Reginald Scott (1584).

Première intrigue : elle commence par le chassé-croisé amoureux traditionnel ; Egée, père d'Hermia, veut qu'elle épouse Démétrius ; or Hermia aime Lysandre ; Démétrius, ancien amoureux d'Hélène, qui l'aime toujours, s'est épris d'Hermia. Selon la loi d'Athènes, appliquée par le duc Thésée, Hermia dispose de quatre jours pour choisir entre trois solutions : obéir, mourir, entrer au couvent. Hermia et Lysandre décident de s'enfuir, afin de franchir les limites du territoire d'Athènes ; Démétrius et Hélène, prévenus, les poursuivent ; ils se trouvent tous quatre, en cette nuit, dans un même bois peuplé de fées.

Deuxième intrigue : elle va compliquer la première, du moins au début ; elle concerne Obéron et Titania, roi et reine des fées, qui se querellent au sujet d'un « changeling boy » (enfant d'elfe « substitué » à un enfant volé), qu'Obéron refuse de lui donner pour page. L'action va se nouer, car Obéron et Puck, esprit espiègle, connaissent une fleur magique dont le suc, versé sur les paupières d'un humain ou d'une fée, provoque l'amour pour la première personne aperçue au réveil. Puck obéit aux ordres d'Obéron, mais il se trompe de personnes : si bien que Lysandre et Démétrius, précédemment épris d'Hermia, le sont à présent d'Hélène. Les demoiselles se disputent, pendant que les hommes s'éloignent pour vider leur querelle.

Troisième intrigue : dans le même bois se trouve également une troupe d'artisans athéniens qui répètent une pièce, *Pyrame et Thisbé*, qu'ils doivent jouer devant le duc, à l'occasion de son mariage. Parmi eux le tisserand Bottom (Lefond), affublé d'une tête d'âne, de qui Titania tombe amoureuse à son réveil, Obéron ayant versé du suc magique sur ses paupières. Dans sa confusion, elle cède l'enfant à Obéron qui la délivre du charme.

Pour les humains (et afin de dénouer l'action), Ariel crée un brouillard et regroupe à leur insu les couples adéquats qui, au réveil, s'éprennent chacun de sa chacune. Surviennent Thésée et Egée, qui pardonnent aux fugitifs. Pour finir, afin d'honorer le mariage de Thésée et d'Hippolyte, reine des Amazones, ainsi que les noces des jeunes couples, Lefond et ses compagnons jouent leur scène comique.

Cette pièce est donc avant tout une féerie, à laquelle se mêlent une comédie et une farce. L'auteur se joue des intrigues entremêlées. Œuvre charmante, pleine de poésie, de tendresse et d'ironie, bref, l'un des chefs-d'œuvre de Shakespeare.

Situation de l'extrait nº 11, II,1,148–176.

L'acte II nous introduit au royaume des fées. Nous apprenons que si Titania refuse de donner pour page à Obéron un enfant dérobé à un roi de l'Inde, c'est qu'il a eu pour mère une « professe de son ordre » qui, mortelle, a payé de sa vie la naissance de l'enfant. Titania élève son fils par amour pour la mère ; elle ne veut pas s'en séparer. Elle sort. Obéron s'adresse à Puck, le « Robin Goodfellow » espiègle qui « écrème le lait », « empêche la bière de mousser », « fourvoie les voyageurs », et fait toutes sortes de plaisanteries pour servir son roi.

Situation de l'extrait nº 12, V,1,1–27.

C'est le début de la longue et unique scène de l'acte V (445 lignes ou vers). La scène se passe à Athènes, dans le palais de Thésée. Hippolyte exprime sa surprise devant ce que les amoureux racontent sur les événements extraordinaires qui se sont produits dans le bois, et dont ils ont été les acteurs involontaires. Thésée lui répond. Ce passage se présente comme la contrepartie, le contrepoint, du premier extrait. C'est la raison opposée à l'imagination.

Obe. My gentle Puck, come hither[1]. Thou rememberest
Since once[2] I sat upon a promontory
And heard a mermaid on a dolphin's back   150
Uttering such dulcet and harmonious breath[3]
That the rude sea grew civil at her song,
And certain stars shot[4] madly from their spheres
To hear the sea-maid's music?
Puck. I remember.
Obe. That very time I saw — but thou couldst not —
Flying between the cold moon and the earth
Cupid all armed. A certain[5] aim he took
At a fair vestal thronèd by the west,
And loosed[6] his loveshaft smartly from his bow[7]
As it should[8] pierce a hundred thousand hearts;   160
But I might see[9] young Cupid's fiery shaft
Quenched in the chaste beams of the watery moon,
And the imperial votaress[10] passed on
In maiden meditation, fancy-free.
Yet marked I where the bolt of Cupid fell:
It fell upon a little western flower,
Before, milk-white; now purple with love's wound:
And maidens call it 'love in idleness'[11].
Fetch me that flower — the herb I showed thee once.
The juice of it on sleeping eyelids laid   170
Will make or[12] man or woman madly dote
Upon the next live creature that it sees.
Fetch me this herb, and be thou here again
Ere[13] the leviathan[14] can swim a league.
Puck. I'll put a girdle round about[15] the earth
In forty minutes!

---

1. **hither** : (poét.) litt. *vers ici*.
2. **since once** = **when one day**.
3. **breath** = *souffle* ; (ici =) *song*.
4. **to shoot (shot)** = *chasser, tirer* ; (ici =) *se précipiter*.
5. **a certain aim** : ici sens fr. de *certain*.
6. **to loose** : pour **to loosen** = *(re) lâcher, détendre*.
7. **bow** [bəʊ] = *arc* ≠ **bow** [baʊ] = *salut ; proue*.
8. **as (if) it should** : litt. *comme s'il devait*.

Le Songe d'une nuit d'été (II,1,148–176)

Obé. Viens çà, mon gentil Puck ! Te souvient-il
qu'un jour, assis sur un promontoire,
j'écoutais une sirène qui, sur le dos d'un dauphin,
chantait un air si doux, si mélodieux,
que la mer démontée s'adoucit à l'entendre,
et que certaines étoiles jaillirent follement de leur sphère
pour ouïr la musique de la fille de l'onde ?
Puck. Je m'en souviens.
Obé. A ce moment même je vis — mais toi, tu ne le
    pouvais —,
volant entre la froide lune et la terre,
Cupidon tout armé. Visant d'un œil sûr
une belle vestale dont le trône est à l'occident,
il décocha de son arc un trait d'amour assez violent
pour pouvoir percer cent mille cœurs.
Mais je pus voir le trait de feu du jeune Cupidon
s'éteindre dans les chastes rayons de l'humide lune ;
et l'impériale prêtresse de poursuivre sa route
dans une méditation virginale intacte d'amour.
Pourtant je notai l'endroit où tomba le carreau de Cupidon ;
il tomba sur une petite fleur d'Occident,
naguère d'un blanc laiteux, à présent empourprée par la
    blessure d'amour ;
les vierges l'appellent « amour dans l'oisiveté ».
Va me chercher cette fleur : je t'en ai jadis montré la plante.
Si l'on dépose son suc sur des paupières endormies,
il fait que tout homme ou toute femme raffole
de la première créature vivante aperçue.
Va me chercher cette plante, et sois de retour ici
avant que le léviathan ait pu nager une lieue.
Puck. Je bouclerai un tour de terre
en quarante minutes !

---

9. **I might see** : (ici) **I could see**.
10. **votaress** : (rare) *personne vouée au service* (de Dieu, etc.)
11. **'love in idleness'** = **pansy** = *pensée sauvage*.
12. **or man or woman** : (pour) **either**... **or**
13. **ere** : [ɛðr] (arch. poét.) **before**
14. **leviathan** : *monstre marin* ; (ici =) **whale** = *baleine*.
15. **a girdle round about** : litt. *une boucle autour de.*

Hip. 'Tis strange, my Thesseus, that[1] these lovers speak
   of.
The. More strange than true. I never may believe
These antique[2] fables, nor these fairy toys[3].
Lovers and madmen have such seething brains,
Such shaping[4] fantasies, that apprehend[5]
More than cool reason ever comprehends[6].
The lunatic[7], the lover, and the poet
Are of imagination all compact.[8]
One sees more devils than vast hell can hold.
That is the madman. The lover, all as frantic[9];   10
Sees Helen's[10] beauty in a brow of Egypt.
The poet's eye, in a fine frenzy rolling,
Doth glance from heaven to earth, from earth to heaven.
And as imagination bodies forth[11]
The forms of things unknown, the poet's pen
Turns them to shapes, and gives to airy nothing[12]
A local habitation and a name.
Such tricks hath strong imagination
That if it would but apprehend some joy,
It comprehends some bringer of that joy.   20
Or in the night, imagining some fear,
How easy is a bush supposèd a bear?
Hip. But all the story of the night told over,
And all their minds transfigured so together,
More witnesseth than fancy's images,
And grows to something of great constancy;
But howsoever[13], strange and admirable[14].

---

1. **that (these lovers)** : (ici =) **what** (= **that which**).
2. **antique** : à la fois grotesque et démodé.
3. **toys = idle tales** = *contes futiles*.
4. **to shape** = donner forme à ; **a shape** plus concret que **a form**.
5. **to apprehend = to perceive**.
6. **to comprehend = to understand**.
7. **lunatic = madman** = *fou*.

Le Songe d'une nuit d'été (v,1,1–27)

Hip. C'est étrange, mon Thésée, ce dont parlent ces
  amoureux.
Thé. Plus étrange que vrai. Je ne saurais ajouter foi
à ces vieilles légendes, ni à ces contes de fées.
Les amoureux et les fous ont la cervelle si bouillante,
l'imagination si fertile, qu'elles conçoivent
plus de choses que la froide raison n'en comprend jamais.
Le fou, l'amoureux, le poète
sont tout pétris d'imagination :
l'un voit plus de démons que n'en peut contenir le vaste
  enfer ;
c'est le fou. L'amoureux, tout aussi halluciné,
voit la beauté d'Hélène sur un front de gitane.
L'œil du poète, roulant dans un beau délire,
se porte du ciel à la terre, et de la terre au ciel ;
et comme l'imagination donne corps
et forme à des choses inconnues, la plume du poète
leur donne une figure, et assigne à ces bulles d'air
un lieu dans l'espace et un nom.
Tels sont les tours d'une vive imagination
que, pour peu qu'elle perçoive une certaine joie,
elle conçoit quelque messager de cette joie ;
ou bien la nuit, elle imagine quelque frayeur :
comme il est facile de prendre un buisson pour un ours !
Hip. Mais si l'on repasse toute l'histoire de cette nuit,
tous ces esprits en même temps transfigurés,
voilà qui témoigne plus que les images de la fantaisie,
et qui devient quelque chose d'une grande cohérence ;
en tout cas, quelque chose d'étrange et d'étonnant.

---

8. **compact** : (ici =) **composed**.
9. **frantic** : adj. de **frenzy** (cf. fr. frénésie).
10. **Helen** : *Hélène de Troie.*
11. **to body forth** : litt. *donner corps à.*
12. **airy nothing** : litt. (un) *rien (fait) d'air.*
13. **howsoever** : (arch. littér.) pour **however**.
14. **admirable** : (ici =) **to be wondered at**.

Le couronnement de Richard II (1377)

Richard II

Ce drame historique, écrit vers **1594–1595**, imprimé en 1597, s'inspire de la *Chronique* d'Holinshed. On y trouve l'influence de l'*Edward II* de Marlowe (1593). Le personnage historique fut roi d'Angleterre de 1377 à 1399.

La pièce traite des événements suivants : 1) Égaré par des favoris indignes, le roi Richard bannit son cousin Henry Bolingbroke et le duc de Norfolk. 2) A la mort de son oncle Jean de Gand, il confisque tous les biens de ce dernier. 3) Pendant l'absence du roi parti en Irlande, Bolingbroke envahit l'Angleterre. 4) A son retour d'Irlande, le roi se retire à Flint Castle ; abandonné par les siens, Richard se voit contraint d'abdiquer en faveur de son cousin. 5) Bolingbroke traverse Londres en triomphateur, avec Richard dans sa suite. 6) Il envoie Richard à Pomfret où il est assassiné — c'est le seul moment où Richard retrouve sa dignité. D'ailleurs l'opposition entre les deux protagonistes est le fait saillant d'une pièce qui, chose exceptionnelle chez Shakespeare, ne comporte que peu ou pas d'éléments comiques.

Situation de l'extrait nº 13, II,1,40–68.

Dans l'acte I, Richard règle la querelle entre son cousin Bolingbroke, fils de Jean de Gand, et le duc de Norfolk, au sujet du récent assassinat du duc de Gloucester, en bannissant les deux champions.

Dans la scène 1 de l'acte II, Jean de Gand, duc de Lancastre, se meurt après avoir proclamé son amour pour l'Angleterre — thème de l'extrait choisi.

This royal throne of kings, this sceptred isle[1],   40
This earth of majesty, this seat of Mars,
This other Eden — demi-paradise
This fortress built by nature for herself
Against infection[2] and the hand[3] of war,
This happy breed of men, this little world,
This precious stone set in the silver sea[4],
Which serves it in the office of a wall,
Or as a moat defensive to a house
Against the envy of less happier[5] lands;
This blessèd plot, this earth, this realm[6], this England,   50
This nurse, this teeming[7] womb[8] of royal kings,
Feared by their breed, and famous by their birth,
Renownèd for their deeds as far from home
For Christian service and true chivalry
As is the sepulchre in stubborn Jewry[9]
Of the world's ransom, blessèd Mary's son;
This land of such dear souls, this dear dear land,
Dear for her reputation through the world,
Is now leased out[10] — I die pronouncing it —
Like to a tenement or pelting farm.   60
England, bound in with the triumphant sea,
Whose rocky shore beats back the envious siege
Of watery Neptune, is now bound in with shame,
With inky blots and rotten parchment bonds.
That England that was wont to[11] conquer others
Hath made a shameful conquest of itself.
Ah, would the scandal vanish with my life,
How happy then were my ensuing death!

---

1. **isle** [ail] : (poét.) **island** = *île* ; cf. **Isle of Wight**, **British Isles**.
2. **infection** = *contagion* ; d'où, ici = *invasion*.
3. **hand** = *main* ; (ici =) *autorité* ; d'où : *violence*.
4. **this precious stone... sea** : noter l'allitération en **s**.
5. **less happier** : double comparatif inversé, propre à l'auteur ; souligne la différence.

Richard II (II,1,40–68)

Ce royal trône de rois, cette île souveraine,
cette terre de majesté, ce siège de Mars,
cet autre Eden, ce demi-paradis,
cette forteresse que la nature s'est bâtie
contre l'invasion et la violence de la guerre,
cette heureuse race d'hommes, ce petit univers,
cette pierre précieuse enchâssée dans la mer d'argent,
qui lui sert en guise de rempart,
ou tel le fossé qui protège une maison
contre l'envie de contrées moins heureuses ;
ce lieu béni, cette terre, ce royaume, cette Angleterre,
cette nourrice, cette mère féconde de princes royaux
redoutés par leur race, et fameux par leur naissance,
dont les exploits sont célèbres aussi loin,
au service de la chrétienté et de la vraie chevalerie,
qu'est la rebelle Judée, sépulcre
de la rançon du monde, le fils de la bienheureuse Marie ;
cette patrie d'âmes si chères, cette chère, chère patrie,
chère pour sa renommée à travers le monde,
est maintenant affermée — je meurs en le déclarant —,
comme une métairie, ou comme une ferme misérable.
L'Angleterre, enclose par la mer triomphante,
elle dont la côte rocheuse repousse le siège envieux
de l'humide Neptune, est maintenant enclose de honte,
de taches d'encre et d'obligations sur parchemin pourri.
Cette Angleterre, qui avait coutume de vaincre les autres,
s'est honteusement vaincue elle-même.
Ah ! si ce scandale pouvait disparaître avec ma vie,
combien heureuse serait alors ma mort à venir !

---

6. **realm** [relm] : (littér.) **kingdom**
7. **to teem** = *fourmiller.*
8. **womb** [wu:m] = *matrice.*
9. **Jewry** : (de **Jew**) *la communauté juive.*
10. **to lease out** = *louer à bail.*
11. **wont to** [wount] = **accustomed to.**

« John Lackland » (Jean sans Terre), qui régna de 1199 à 1216, fut l'un des plus mauvais rois d'Angleterre : un guerrier clairvoyant, mais un tyran doublé d'un lâche.

La pièce de Shakespeare, datée en général de **1596**, est l'adaptation d'une pièce antérieure sur le même sujet. Elle ne fut pas imprimée avant l'in-folio de 1623.

Ce drame, qui prend quelque liberté avec la trame historique, traite d'événements survenus sous le règne du roi Jean, notamment le sort tragique du jeune Arthur, prince héritier. La mort de Jean à l'abbaye de Swinstead en est le dernier épisode. Aucune référence à la Grande Charte (Magna Carta), relative aux libertés personnelles et politiques, obtenue de Jean en 1215.

Il faut tout l'humour corrosif de Philippe, bâtard de Sir Robert Faulconbridge (et qui se révèle être le fils du roi Richard Cœur de Lion), pour donner un éclairage moins tragique à la pièce.

Situation de l'extrait n° 14, II, 1, 561–567 et 574–596.

Dans l'acte I (une seule scène de 276 vers), Jean, malgré l'opposition de Philippe Auguste, usurpe le trône d'Angleterre qui revient à son neveu, Arthur de Bretagne.

Dans l'acte II (qui comporte également une seule scène de 598 vers, d'où l'extrait est tiré), Philippe Auguste et le roi Jean arrangent un compromis, le mariage du dauphin Louis et de Blanche de Castille. Arthur est dépouillé. Le Bâtard (Philippe Faulconbridge), resté seul en scène, épanche sa bile.

King John
Le Roi Jean

« John Lackland » (Jean sans Terre), qui régna de 1199 à 1216, fut l'un des plus mauvais rois d'Angleterre : un guerrier clairvoyant, mais un tyran doublé d'un lâche.

La pièce de Shakespeare, datée en général de **1596**, est l'adaptation d'une pièce antérieure sur le même sujet. Elle ne fut pas imprimée avant l'in-folio de 1623.

Ce drame, qui prend quelque liberté avec la trame historique, traite d'événements survenus sous le règne du roi Jean, notamment le sort tragique du jeune Arthur, prince héritier. La mort de Jean à l'abbaye de Swinstead en est le dernier épisode. Aucune référence à la Grande Charte (Magna Carta), relative aux libertés personnelles et politiques, obtenue de Jean en 1215.

Il faut tout l'humour corrosif de Philippe, bâtard de Sir Robert Faulconbridge (et qui se révèle être le fils du roi Richard Cœur de Lion), pour donner un éclairage moins tragique à la pièce.

Situation de l'extrait nº 14, II,1,561–567 et 574–596.

Dans l'acte I (une seule scène de 276 vers), Jean, malgré l'opposition de Philippe Auguste, usurpe le trône d'Angleterre qui revient à son neveu, Arthur de Bretagne.

Dans l'acte II (qui comporte également une seule scène de 598 vers, d'où l'extrait est tiré), Philippe Auguste et le roi Jean arrangent un compromis, le mariage du dauphin Louis et de Blanche de Castille. Arthur est dépouillé. Le Bâtard (Philippe Faulconbridge), resté seul en scène, épanche sa bile.

Mad world! mad kings! mad composition[1]!
John, to stop Arthur's title in the whole,
Hath willingly departed with a part;
And France, whose armour conscience buckled on,
Whom zeal and charity brought to the field[2]
As God's own soldier, rounded in the ear[3]
With that same purpose-changer, that sly devil. ...
Commodity[4], the bias[5] of the world;
The world, who of itself is peized[6] well,
Made to run even upon even ground,
Till this advantage, this vile-drawing bias,
This sway of motion, this Commodity,
Makes it take head from[7] all indifferency[8],
From all direction, purpose, course, intent: 580
And this same bias, this Commodity,
This bawd, this broker[9], this all-changing word,
Clapp'd on the outward eye of fickle France,
Hath drawn him from his own determin'd aid,
From a resolv'd and honourable war,
To a most base and vile-concluded peace.
And why rail[10] I on this Commodity?
But for because he hath not woo'd me yet.
Not that I have the power to clutch[11] my hand
When his fair angels[12] would salute my palm;   590
But for my hand, as unattempted yet,
Like a poor beggar, raileth on the rich.
Well, whiles I am a beggar, I will rail,
And say there is no sin but to be rich;
And being rich, my virtue then shall be
To say there is no vice but beggary.

---

1. **composition** : (ici =) **agreement** = *accord.*
2. **field (of battle)** = *champ (de bataille).*
3. **rounded in the ear with** = **whispered secretly to by** = *inspiré par.*
4. **commodity** = *matière première, denrée* ; (ici sens arch.) *l'intérêt.*
5. **bias** (cf. fr. *biais*) = *déviation.*
6. **to peize** (arch.) = **to poise, to balance** = *équilibrer* (cf. fr. *peser, poids*).

Le Roi Jean (II,1,561–567 et 574–596)

Monde fou ! rois fous ! transaction folle !
Jean, pour mettre fin au titre d'Arthur sur tout son royaume,
en a volontairement cédé une partie ;
et Philippe de France, dont la conscience avait bouclé
   l'armure,
que la ferveur et l'humanité avaient conduit sur le terrain,
en vrai soldat de Dieu, (a été) secrètement inspiré
par ce même changeur de résolutions, ce démon sournois. ...
l'Intérêt, cette déviation du monde.
Le monde de lui-même est bien équilibré,
fait pour courir sans heurt sur un terrain sans bosse,
jusqu'à ce que cet avantage, cette tendance qui dévie vers
   le mal
et fausse le mouvement, cet Intérêt,
le fasse se détourner de toute impartialité,
de tout ce qui est direction, élan, cours et but !
Et cette même déviation, ce même Intérêt,
ce proxénète, cet entremetteur, ce mot qui change tout,
frappant soudain le regard extérieur du versatile Français,
l'a détourné de l'appui qu'il était résolu à donner,
d'une guerre honorable qu'il avait décidée,
vers une paix combien abjecte et vilement conclue.
Et moi-même, pourquoi est-ce que je crie contre cet Intérêt,
si ce n'est parce qu'il ne m'a pas encore courtisé ?
Ce n'est point que j'aurai la force de fermer la main
si ses beaux anges d'or venaient saluer ma paume ;
mais parce que ma main, n'ayant pas encore été tentée,
comme un pauvre mendiant crie contre les riches.
Eh bien, tant que je serai mendiant, je crierai,
et je dirai qu'il n'y a pas d'autre péché que la richesse ;
mais quand je serai riche, ma vertu consistera
à dire qu'il n'y a point d'autre vice que la misère.

---

7. **to take head from = to run from** = *se détourner de.*
8. **indifferency** : (arch. =) **impartiality**.
9. **broker** : (ici sens arch. =) **go-between** = *entremetteur.*
10. **to rail on = to use abusive language at/ against** = *invectiver.*
11. **to clutch = to grasp** = *empoigner* ; (ici =) *refermer.*
12. **angel** : pièce d'or valant dix shillings.

The Merchant of Venice
Le Marchand de Venise

Comédie écrite vers **1594–96**. L'in-folio de 1623 reproduit presque textuellement l'in-quarto de 1600. Shakespeare s'inspire d'un conte italien de Giovanni Fiorentino (1558 ; trad. 1566) ; des *Gesta Romanorum* de Richard Robinson (1577) ; enfin d'une pièce antérieure aujourd'hui disparue, *The Jew* (1578).

Antonio, marchand de Venise, dont la fortune est placée dans l'import-export de l'époque, accepte de prêter 3 000 ducats à son ami Bassanio, noble vénitien désargenté ; mais pour ce faire, il lui faut emprunter la somme à Shylock, usurier juif. Shylock accepte ; mais le contrat stipule qu'Antonio devra donner une livre de sa propre chair, si l'argent n'est pas remboursé au jour dit. Quant à Bassanio, réargenté, il peut continuer de courtiser Portia, riche héritière ; celle-ci, selon la volonté de son père, doit épouser le prétendant qui, entre trois coffrets (l'un d'or, l'autre d'argent, le troisième de plomb), choisira celui où se trouve le portrait de sa fille. Bassanio ayant par bonheur, ou par calcul, choisi le coffret de plomb, obtient la main de Portia.

Sur ces entrefaites, le bruit court que les navires d'Antonio ont fait naufrage : il lui est donc impossible de rembourser dans les délais la somme prêtée par Shylock. L'affaire vient devant le Doge. Portia et sa suivante Nérissa se déguisent, l'une en avocat, l'autre en clerc, à l'insu des maris respectifs. Elles se présentent devant la cour, Portia plaidant pour Antonio. Ayant vainement fait appel à la clémence de Shylock, Portia le prévient qu'il risque de perdre la vie s'il verse une seule goutte du sang d'Antonio, car le contrat ne fait mention que de chair. D'ailleurs, ajoute-t-elle, Shylock a commis un crime abominable en conspirant contre la vie d'un citoyen de Venise. Finalement, le Doge gracie Shylock, mais partage sa fortune entre l'État et Antonio. Celui-ci exige de Shylock qu'il se convertisse, et qu'à sa mort il laisse ses biens à sa fille Jessica qu'il a déshéritée, parce qu'elle s'était enfuie avec un chrétien qui l'avait épousée. Shylock ne peut qu'accepter. Suit un épisode folklorique où Bassanio et Gratiano, maris de Portia et de Nérissa, donnent à contrecœur, à l'avocat et au clerc, à titre de récompense, des anneaux offerts par leurs épouses, et dont ils avaient juré de ne jamais se séparer. Rentrant chez eux sans les anneaux, ils sont tancés d'importance. Mais tout finit par s'arranger ; d'autant que l'on apprend que les navires d'Antonio sont arrivés à bon port.

Situation de l'extrait nº 15, III,1,lignes 37 à 66.

La scène 1 de l'acte III se passe dans une rue de Venise. Salério et Solanio, amis d'Antonio et de Bassanio, s'entretiennent des dernières nouvelles qui courent sur le Rialto, en particulier du bruit non démenti qu'un navire d'Antonio, richement chargé, aurait fait naufrage dans la Manche. Entre Shylock, furieux contre sa fille, « sa chair et son sang », qui s'est enfuie. Salério lui répond : « Il y a plus de différence entre ta chair et la sienne qu'entre le jais et l'ivoire, entre ton sang et le sien qu'entre le vin rouge et le vin du Rhin. » Il poursuit...

Situation de l'extrait nº 16, IV,1,177–204.

La scène 1 de l'acte IV se passe dans une cour de justice, Venise. Le Doge essaie en vain d'amadouer Shylock. Celui-ci invoque comme argument sa « haine invétérée » et son « dégoût persistant » pour Antonio. Rien ne saurait adoucir son cœur Juif. Bassanio lui propose de lui verser 6 000 ducats, au lieu de 3 000 : Shylock s'en tient aux termes du contrat. Il veut sa livre de chair et demande justice. Le ton monte entre Shylock et les autres personnes présentes. Mais Nérissa, déguisée en clerc, annonce l'arrivée du jeune et savant docteur Bellario (i.e. Portia), qui entre et prend place près du Doge. Portia/Bellario constate que le procès est étrange, mais qu'on ne peut pas s'opposer à la procédure. Puis elle s'adresse à Antonio.

Salerio. But tell us, do you hear[1] whether[2] Antonio have had any loss at sea or no?

Shylock. There I have another bad match[3]! A bankrupt, a prodigal, who dare scarce show his head on the Rialto[4], a beggar that was used to[5] come so smug[6] upon the mart[7]! Let him look to[8] his bond. He was wont to call me usurer. Let him look to his bond. He was wont to lend money for a Christian courtesy. Let him look to his bond.

Salerio. Why, I am sure if he forfeit[9] thou wilt not take his flesh. What's that good for?

Shylock. To bait fish withal[10]. If it will feed nothing else, it will feed my revenge. He hath disgraced me and hindered[11] me half a million, laughed at my losses, mocked at my gains, scorned my nation, thwarted[12] my bargains, cooled my friends, heated mine enemies, and what's his reason? I am a Jew[13]. Hath not a Jew eyes? Hath not a Jew hands, organs, dimensions, senses, affections, passions? Fed with the same food, hurt with the same weapons, subject to the same diseases, healed by the same means, warmed and cooled by the same winter and summer as a Christian is? If you prick us, do we not bleed? If you tickle us, do we not laugh? If you poison us, do we not die? And if you wrong us, shall we not revenge? If we are like you in the rest, we will resemble you in that. If a Jew wrong a Christian, what is his humility? Revenge. If a Christian wrong a Jew, what should his sufferance be by Christian example? Why, revenge! The villainy you teach me I will execute, and it shall go hard but I will better the instruction[14].

40

60

---

1. **do you hear?** : (ici =) **do you know?**
2. **whether** : (conj. alternative) = *si, oui ou non* (+ indic. en angl. mod.).
3. **match** : (ici =) **bargain**.
4. **the Rialto** : pont en marbre sur le Grand Canal.
5. **was used to come** : **coming** en anglais moderne.
6. **smug** = **trim** = *soigné*
7. **mart** : (arch. =) **market**.

Salério. Mais, dites-nous, savez-vous si Antonio a subi ou non des pertes en mer ?

Shylock. Encore une mauvaise affaire pour moi ! Un banqueroutier, un prodigue, qui ose à peine montrer sa tête sur le Rialto ; un gueux qui aimait venir parader sur le marché ! Qu'il veille à son contrat ! Il me traitait d'usurier ! Gare à son contrat ! Il prêtait de l'argent pour une révérence de chrétien. Gare à son contrat !

Salério. Allons donc, je suis sûr qu'en cas de dédit de sa part, tu ne prendras pas sa chair. A quoi te servirait-elle ?

Shylock. A amorcer le poisson. A défaut d'autre chose, elle nourrira ma vengeance. Il m'a discrédité ; il m'a frustré d'un demi-million ; il a ri de mes pertes, s'est moqué de mes gains, a méprisé ma nation, contrecarré mes affaires, refroidi mes amis, échauffé mes ennemis. Et quelle est sa raison ? Je suis un Juif ! Or un Juif n'a-t-il pas d'yeux ? Un Juif n'a-t-il pas des mains, des organes, des proportions, des sens, des émotions, des passions ? Ne se nourrit-il pas de la même nourriture, n'est-il pas blessé par les mêmes armes, sujet aux mêmes maladies, guéri par les mêmes moyens, réchauffé et refroidi par le même été et le même hiver qu'un Chrétien ? Si vous nous piquez, ne saignons-nous pas ? Si vous nous chatouillez, ne rions-nous pas ? Si vous nous empoisonnez, ne mourons-nous pas ? Et si vous nous faites tort, ne devons-nous pas nous venger ? Si nous sommes comme vous pour le reste, nous voulons vous ressembler en cela. Si un Juif fait tort à un Chrétien, où celui-ci met-il son humilité ? à se venger. Si un Chrétien fait tort à un Juif, où doit-il, selon l'exemple chrétien, mettre sa patience ? eh bien, à se venger. La vilenie que vous m'enseignez, je veux la mettre en pratique et, croyez-moi, ça ira mal si je ne fais pas mieux que mon modèle.

---

8. **to look to** = **to be careful about** = *veiller à*.
9. **to forfeit** = *perdre par confiscation*.
10. **withal** : (arch. =) **with it**.
11. **to hinder** = *entraver*.
12. **to thwart** = *contrarier*.
13. **Jew** [dʒuː] = *Juif*.
14. **the instruction** = *ce que vous m'enseignez*.

Por. You stand within his danger, do you not?
Ant. Ay[1], so he says.
Por. Do you confess the bond?
Ant. I do.
Por. Then must the Jew be merciful.
Shy. On what compulsion must I? Tell me that.   180
Por. The quality of mercy is not strained,
It droppeth as the gentle rain from heaven
Upon the place beneath[2]. It is twice blest,
It blesses him that gives and him that takes.
'Tis mightiest in the mightiest, it becomes[3]
The thronèd monarch better than his crown.
His sceptre shows the force of temporal power,
The attribute to awe[4] and majesty,
Wherein[5] doth sit the dread and fear of kings;
But mercy is above this sceptred sway[6],   190
It is enthronèd in the hearts of kings,
It is an attribute to God himself,
And earthly power doth then show likest God's
When mercy seasons justice. Therefore, Jew,
Though justice be thy plea, consider this:
That in the course of justice none of us
Should see salvation. We do pray for mercy,
And that same prayer doth teach us all to render
The deeds of mercy. I have spoke[7] thus much
To mitigate the justice of thy plea[8],   200
Which if thou follow, this strict court of Venice
Must needs[9] give sentence 'gainst the merchant there.
Shy. My deeds upon my head! I crave[10] the law,
The penalty and forfeit of my bond.

---

1. **ay(e) = yes** ; pl. **ayes** : ex : **the ayes have it** = *les oui l'emportent*.
2. **beneath** : (poét.) **below** = *en dessous, en bas*.
3. **to become** + nom = **to suit** = *seoir à, convenir à*.
4. **awe** = *crainte* (révérentielle) ; cf. **dread** = *terreur, effroi* ; **fear** = *peur, crainte*.
5. **wherein** : (poét.) **in which**.

Le Marchand de Venise (IV,1,177–204)

Por. Vous vous trouvez à sa merci, n'est-ce pas ?

Ant. Oui, à ce qu'il dit.

Por. Vous reconnaissez le contrat ?

Ant. Oui.

Por. Il faut donc que le Juif soit clément.

Shy. En vertu de quelle obligation, dites-moi ?

Por. La clémence est une qualité que l'on ne force pas ;
elle tombe du ciel comme une douce pluie
sur notre bas monde. Doublement bénie,
elle bénit celui qui donne et celui qui reçoit.
La plus puissante chez les plus puissants, elle sied
au monarque sur son trône, mieux que sa couronne.
Son sceptre montre la force du pouvoir temporel ;
c'est l'attribut du respect et de la majesté ;
c'est en lui que résident la crainte et la terreur des rois.
Mais la clémence est au-dessus de cette emprise du sceptre ;
elle a son trône dans le cœur des rois :
c'est un attribut de Dieu lui-même ;
et le pouvoir terrestre ressemble le plus à celui de Dieu,
quand la clémence en tempère la justice. Donc, Juif,
bien que tu plaides pour la justice, considère ceci :
qu'en laissant libre cours à la justice, nul de nous
ne verrait le salut. Notre prière invoque la clémence
et, en retour, cette même prière nous enseigne à tous
à pratiquer la clémence. Je t'ai dit tout cela
pour que tu adoucisses la justice de ta requête ;
car si tu la poursuis, cette stricte cour de Venise
devra forcément rendre jugement contre le marchand que
   voilà.

Shy. Que mes actes me retombent sur la tête ! Je réclame la
   loi,
la peine et le dédit inscrits sur mon contrat.

---

6. **sway** : 1. *balancement* ; 2. *emprise*.
7. **spoke**, pour **spoken**.
8. **plea** = **pleading**, **argument** = *défense*.
9. **needs** : s'emploie après **must** comme adv. = *nécessairement*.
10. **to crave** = *solliciter* (sens fort ici).

Henry IV, 1re partie

Des deux parties de *Henry IV*, suite de *Richard II*, c'est la 1re partie qui eut le plus de succès. Écrite en **1596–97**, elle fit l'objet de cinq in-quarto du vivant de l'auteur. C'était la première apparition de *Sir John Falstaff*, ce personnage extraordinaire qui séduit autant par son immoralité que par sa fantaisie.

Dans les deux parties de *Henry IV*, une comédie populaire est mêlée au drame historique. Dans les deux pièces, Shakespeare s'inspire librement de la *Chronique* de Holinshed. D'autre part, certaines scènes comiques, ainsi que les relations que le prince de Galles entretient avec un noble dissolu, « the fat knight Sir John Oldcastle », se trouvent déjà dans une pièce d'un inconnu, jouée dans la décennie précédente. Mais Shakespeare, alternant habilement vers et prose, y ajoute son talent incomparable.

Henry de Lancastre, l'usurpateur, voudrait se racheter par une croisade en Terre sainte ; mais il est entouré d'ennemis en puissance, en particulier les Percy, dont le jeune Harry, surnommé « Hotspur » (éperon chaud), forme un contraste complet avec le fils aîné du roi, Henry (ou Hal), le débauché prince de Galles, dont la résidence est fréquentée par la pègre d'Eastcheap que domine messire Falstaff en personne. Dans l'acte II, on voit Falstaff détrousser des voyageurs, puis se faire détrousser par le prince déguisé et masqué. Puis c'est la scène de parodie dans la taverne de « la Hure-du-Sanglier », où Falstaff et le prince imitent le roi gourmandant son fils. L'acte III précise certaines facettes de Hotspur, de Falstaff et du prince, lequel promet de se racheter. L'acte IV nous fait pressentir la défaite de la rébellion des Percy par le roi aidé du prince, cependant que Falstaff a recruté au nom du roi une troupe assez variée. L'acte V nous conte la bataille de Shrewsbury (1403), aussi bien l'héroïsme du prince de Galles qui défie et tue

Hotspur, que la tactique de Falstaff, plus répugnant que jamais, qui conduit ses cent cinquante braves à la mort, tout en sauvant sa peau, avec une bouteille de vin dans son étui à pistolet.

Situation de l'extrait n° 17, I,3,28–35, 41–55 et 64–68.

Dès la scène 1 de l'acte I, nous apprenons que le jeune et belliqueux Henry Percy (Harry Hotspur), fils du comte de Northumberland, et l'Ecossais Archibald, se sont rencontrés à Holmedon ; qu'Harry a fait de nombreux prisonniers qu'il a refusé de livrer au roi, à part Mordake, comte de Fife. Le roi l'a mandé. Au début de la scène 3, le souverain annonce qu'il veut être désormais « puissant et redoutable », et ne plus suivre son caractère trop doux. Hotspur est présent ; il s'explique.

Situation de l'extrait n° 18, v,1,121–140 (The New Penguin)

Il serait difficile, et injuste, de ne pas retenir ici l'une des nombreuses tirades de Falstaff. Dans la plupart des cas, il faudrait expliquer presque chaque terme, tant la langue est riche, dans un feu d'artifice de mots et d'idées. L'extrait choisi révèle la mentalité du personnage, dans un style plus accessible.

Dès le début de la scène, nous sommes au cœur de la bataille, ce qui n'empêche pas les adversaires d'échanger des propos. Ainsi, au roi qui lui reproche son comportement, Thomas Percy, comte de Worcester, explique comment la rébellion est née, après qu'il eut usurpé le trône et failli à ses promesses. Le prince essaie vainement de les amadouer, en faisant l'éloge du jeune Harry. Puis tous sortent, à l'exception du prince et de Falstaff.

Hot. My liege[1], I did deny no prisoners.
But I remember when the fight was done,
When I was dry with rage and extreme toil,
Breathless and faint, leaning upon my sword,
Came there a certain lord, neat and trimly dressed,
Fresh as a bridegroom, and his chin new reaped
Showed like a stubble-land at harvest-home[2].
He was perfumèd like a milliner.
...
And as the soldiers bore dead bodies by[3]
He called them untaught knaves[4], unmannerly,
To bring a slovenly unhandsome corpse
Betwixt[5] the wind and his nobility.
With many holiday and lady terms
He questioned me, amongst the rest demanded[6]
My prisoners in your majesty's behalf[7].
I then, all smarting[8] with my wounds being cold,
To be so pestered with a popinjay[9],
Out of my grief[10] and my impatience
Answered neglectingly, I know not what,
He should, or he should not, for he made me mad
To see him shine so brisk[11], and smell so sweet,
And talk so like a waiting-gentlewoman
Of guns, and drums, and wounds, God save the mark[12]!
...
This bald unjointed chat of his, my lord,
I answered indirectly, as I said,
And I beseech you, let not his report
Come current[13] for an accusation
Betwixt my love and your high majesty.

---

1. **liege** : (≠ fr. *lige*) = *suzerain*.
2. **harvest-home** : sans doute l'occasion de festivités.
3. **to bear (bore, borne) sb by** : (transposition) *passer devant en portant qn*.
4. **knave** = *filou, coquin*.
5. **betwixt** : (arch.) = **between**.
6. **to demand** = *réclamer*.
7. **in** (à présent **on**) **behalf of** = *de la part de*.

1re partie de Henry IV (I,3,28–35,41–55 et 64–68)

Hot. Monseigneur, je n'ai point refusé de prisonniers ;
mais je me souviens qu'à la fin du combat,
alors que j'étais épuisé par la fureur et le dur labeur,
hors d'haleine, défaillant, appuyé sur mon épée,
survint certain milord, soigné, pomponné,
frais comme un marié ; son menton juste fauché
ressemblait à un champ d'éteule à la rentrée de la moisson.
Il était parfumé comme une modiste.
...
Comme les soldats passaient, emportant les morts,
il les traitait de malappris, de mal élevés,
eux qui amenaient un cadavre sale et affreux
entre le vent et sa noble personne.
Usant de maints termes choisis comme ceux d'une dame,
il m'entretint, me réclamant entre autres choses
mes prisonniers, au nom de Votre Majesté.
Mais moi, tout souffrant de mes blessures refroidies,
harcelé que j'étais par un tel bavard,
cédant à ma douleur et à mon impatience,
je répondis négligemment je ne sais plus quoi,
qu'il les aurait, ou ne les aurait pas ; car j'enrageais
de le voir si reluisant, si doux-fleurant,
tenant les propos d'une vraie dame d'atour
sur les canons, les tambours, les blessures — Dieu nous
   garde !
...
A son verbiage plat et décousu, monseigneur,
comme je vous l'ai dit j'ai répondu au hasard.
Je vous en supplie, ne permettez pas que son rapport,
pris au pied de la lettre pour m'accuser,
s'interpose entre mes sentiments et Votre Haute Majesté !

---

  8. **to smart = to suffer** = *souffrir.*
  9. **popinjay** : (arch.) = **parrot** = *perroquet.*
10. **grief** : (ici) = **pain** = *souffrance.*
11. **brisk** = *brusque, vif, frais.*
12. **God save the mark** ! = (**let**) **God avert evil** ! = *que Dieu écarte*
     le mal ! (**the mark** = *la Croix* ?).
13. **to come current** : cf. **to be current** = *avoir cours.*

Falstaff. Hal[1], if thou see me down in the battle and bestride[2] me, so. 'Tis a point of friendship.

Prince Hal. Nothing but a Colossus[3] can do thee that friendship. Say thy prayers, and farewell.

Falstaff. I would 'twere[4] bed-time, Hal, and all well.

Prince Hal. Why, thou owest God a death. (*Exit*)

Falstaff. 'Tis not due yet — I would be loath[5] to pay him before his day. What need I be so forward with him that calls not on me? Well, 'tis no matter, honour pricks[6] me on. Yea, but how if honour prick me off when I come on, how then? Can honour set to[7] a leg? No. Or an arm? No. Or take away the grief of a wound? No. Honour hath no skill[8] in surgery then? No. What is honour? A word. What is in that word honour? What is that honour? Air. A trim reckoning[9]! Who hath it? He that died a'Wednesday[10]. Doth he feel it? No. Doth he hear it? No. 'Tis insensible[11] then? Yea, to the dead. But will it not live with the living? No. Why? Detraction[12] will not suffer it. Therefore I'll[13] none of it. Honour is a mere scutcheon[14] — and so ends my catechism. (*Exit*)

---

1. **Hal** : familier pour **Henry**.
2. **to bestride** (**–strode**, **–stridden**) = *être à califourchon sur, enjamber*.
3. **Colossus** : le Colosse de Rhodes.
4. **I would 'twere = I would it were** (subj. modal de **be**).
5. **to be loath to do sth** = *répugner à faire qqch*.
6. **to prick** = *piquer* ; (ici) **to spur** = *éperonner*.
7. **to set to a leg = to set a broken leg** = *ressouder une jambe cassée*.

Falstaff. Hal, si tu me vois à terre dans la bataille, couvre-moi ainsi de ton corps : c'est une marque d'amitié.

Le Prince Hal. Seul un Colosse pourrait te rendre un tel service. Dis tes prières, et adieu.

Falstaff. Hal, je voudrais que ce soit l'heure de se coucher, et que tout aille bien.

Le Prince Hal. Bah ! tu dois une mort à Dieu. (*Il sort.*)

Falstaff. Elle n'est pas encore échue ; il me répugnerait de le payer avant le terme. Qu'ai-je besoin de me hâter tellement vers qui ne m'appelle pas ? Allons, qu'importe ! L'honneur m'éperonne en avant. Oui mais, et si l'honneur m'éperonne par terre à l'arrivée, hein ? Est-ce que l'honneur peut remettre une jambe ? non. Ou un bras ? non. Ou enlever la douleur d'une blessure ? non. L'honneur n'entend donc rien à la chirurgie ? non. Qu'est-ce que l'honneur ? un mot. Qu'y a-t-il dans ce mot ? qu'est-ce que cet honneur-là ? du vent. Voilà un compte net. Qui possède cet honneur ? Un tel qui est mort mercredi. Le touche-t-il ? non. L'entend-il ? non. C'est donc imperceptible ? oui, pour les morts. Mais ne peut-il vivre avec les vivants ? non. Pourquoi ? Le dénigrement ne saurait le souffrir. Donc je n'en veux point. L'honneur est un simple écusson funéraire ; ainsi finit mon catéchisme. (*Il sort.*)

---

8. **skill** = *habileté.*
9. **to reckon** = *compter, calculer.*
10. **a'Wednesday** = **on Wednesday.**
11. **insensible** : (cf. fr.) = *imperceptible.*
12. **detraction** : (sens arch.) **slander** = *calomnie.*
13. **I'll** = **I will (have).**
14. **(e)scutcheon** : (cf. fr.) *écusson* (ici) *funéraire.*

Le roi Henry IV

La 2e partie du *Roi Henry IV*, écrite vers **1597**, et qui n'a eu qu'une édition du vivant de l'auteur, nous montre le roi s'opposant à la rébellion de l'archevêque d'York, Scroop, et de ses alliés (1405). Falstaff poursuit ses facéties au détriment, entre autres, de Dame Bonnelangue (Mistress Quickly), tenancière d'une taverne d'Eastcheap, à qui il a promis le mariage, et des juges Leplat (Shallow) et Silence qu'il rencontre lorsqu'il recrute pour l'armée chargée de réprimer la rébellion. Avant de mourir, le roi Henry se réconcilie avec le prince de Galles qui lui succédera de façon légitime, sous le nom de Henry V. Falstaff, qui a bâti des châteaux en Espagne, et qui se voit déjà Grand Argentier du royaume, s'aperçoit brusquement qu'il a servi de tête de Turc au prince, pour le plaisir de ce dernier. Avec le nouveau roi, il va connaître la prison ; et lui et sa bande seront chassés de la cour, le roi « leur assurant la subsistance, de peur que le manque de ressources ne les incite au mal ».

Situation de l'extrait n° 19, III,1,4–31.

Au début de l'acte III, le roi malade, qui a chargé Falstaff, bouffon doublé d'une canaille, de recruter des soldats pour son armée, se plaint, dans une tirade connue, de ne pouvoir trouver le sommeil, alors que les derniers des manants dorment à poings fermés.

How many thousand[1] of my poorest subjects
Are at this hour asleep! O sleep, o gentle sleep,
Nature's soft nurse, how have I frighted thee,
That thou no more wilt weigh[2] my eyelids down
An steep my senses in forgetfulness?
Why rather, sleep, liest thou in smoky cribs[3],
Upon uneasy pallets stretching thee,   10
And hushed[4] with buzzing night-flies to thy slumber,
Than in the perfumed chambers of the great,
Under the canopies of costly state,
And lulled with sound of sweetest melody?
O thou dull[5] god, why liest thou with the vile[6]
In loathsome beds, and leavest the kingly couch
A watch-case[7], or a common 'larum-bell[8]?
Wilt thou upon the high and giddy mast
Seal up the ship-boy's eyes, and rock his brains
In cradle of the rude imperious surge,   20
And in the visitation[9] of the winds,
Who take the ruffian[10] billows by the top,
Curling their monstrous heads, and hanging them
With deafing clamour in the slippery[11] clouds,
That with the hurly[12] death itself awakes?
Canst thou, O partial sleep, give thy repose
To the wet sea-son in an hour so rude,
And in the calmest and most stillest[13] night,
With all appliances and means to boot[14],
Deny it to a king? Then happy low, lie down!   30
Uneasy lies the head that wears a crown.

---

1. **thousand** : ici invariable, bien que précédé de **many**.
2. **to weigh** = *peser*.
3. **crib** = *crèche* ; (ici =) **hovel** = *taudis, masure*.
4. **to hush** = *faire taire* ; *apaiser* ; (ici =) **to lull** = *bercer*.
5. **dull** = *faible* ; *terne* ; (ici =) *borné*.
6. **vile** = *vil* ; (ici =) **lowly** = *humble*.
7. **watch-case** : (arch. ici =) *guérite de veilleur*.
8. **'larum-bell** = **alarm-bell** = *sonnerie d'alarme* ; (sens arch. =) *beffroi*.

84

Combien de milliers de mes plus pauvres sujets
sont à cette heure endormis ! O sommeil, ô doux sommeil !
tendre infirmier de la nature, comme j'ai dû t'effrayer,
pour que tu ne veuilles plus plomber mes paupières
ni plonger mes sens dans l'oubli ?
Sommeil, pourquoi préfères-tu, dans des masures enfumées
t'étendre sur d'incommodes paillasses,
endormi par le bourdon des mouches nocturnes,
plutôt que dans les chambres parfumées des grands,
sous les baldaquins coûteux de la pompe,
bercé par le son de la plus douce mélodie ?
Dieu borné, pourquoi partager la couche immonde
des manants, et laisser le lit royal
comme une guérite de veilleur ou un simple beffroi ?
Veux-tu, au sommet vertigineux du mât,
sceller les yeux du mousse et bercer les esprits
dans le rude berceau de la houle impérieuse,
parmi le déchaînement des vents
qui prennent au sommet les vagues brutales,
frisant leur crinière énorme, et les suspendant
aux nuées fugitives avec une clameur assourdissante,
dont le vacarme réveille la mort elle-même ?
Peux-tu, ô partial sommeil, accorder ton repos
au loup de mer trempé, en une heure si rude,
et, dans la nuit la plus calme et la plus paisible,
malgré toutes les ressources et séductions qui s'y ajoutent
le refuser à un roi ? Restez donc couchés, heureux manants !
Elle repose mal à l'aise, la tête qui porte une couronne.

---

9. **visitation** = 1. *visite officielle* ; 2. *punition du ciel.*
10. **ruffian** = *voyou* (ici pris comme adj.).
11. **slippery** = *glissant* ; (ici =) **swiftly passing**.
12. **hurly** : (arch.) **commotion**.
13. **the most stillest night**: superlatif double, renforcé, propre à l'auteur.
14. **to boot** = **into the bargain** = *par-dessus le marché ; en plus.*

Le roi Henry V

L'acteur Laurence Olivier interprétant *Henry V*

La pièce du *Roi Henry V*, datée généralement de **1598**, jouée en 1599, et dont le texte définitif se trouve dans l'in-folio de 1623, fait suite tant bien que mal aux deux parties du *Roi Henry IV* ; c'est à ce titre que je l'ai gardée, bien qu'il ne s'agisse pas d'un grand drame historique. Shakespeare aurait repris, en l'adaptant, une pièce jouée avant 1592 par une autre troupe. Mêlant encore le comique et le tragique, les vers et la prose, présentant le roi sous deux aspects opposés (tantôt soudard, tantôt pieux), l'auteur consacre une bonne partie de la pièce à la prise d'Harfleur et à la bataille victorieuse d'Azincourt (1415). Le drame comporte beaucoup de déclamations. Les meilleures scènes sont le récit de la mort de Falstaff (II,3 ; cf. extrait 20), et l'épisode comique où le Gallois Fluellen (équivalent anglais de Llewellyn) force l'Anglais Pistol(et) à manger du poireau, tout en lui administrant force coups de bâton (v,1). A part cet épisode, on souligne la faiblesse de l'acte V, dont on doute qu'il soit de Shakespeare.

Situation de l'extrait nº 20, II,3, lignes 1–29

La scène se passe à Londres, devant la taverne dont l'hôtesse, naguère Dame Bonnelangue, s'est remariée, et est devenue Dame Pistol(et). Outre l'hôtesse et son mari, sont présents Nym et Bardolph(e), compagnons de Falstaff, et un jeune page. Le début de la scène est le récit fameux de la mort de Falstaff.

Hostess. Prithee[1], honey-sweet husband, let me bring thee to Staines.

Pistol. No, for my manly heart doth earn[2].
Bardolph, be blithe! Nym, rouse thy vaunting veins!
Boy, bristle thy courage up! For Falstaff, he is dead,
And we must earn therefor[3].

Bardolph. Would[4] I were with him, wheresome'er[5] he is, either in heaven or in hell!

Hostess. Nay, sure, he's not in hell: he's in Arthur's[6] bosom, if ever man went to Arthur's bosom. 'A made a finer end, and went away an[7] it had been any christom[8] child; 'a parted e'en just between twelve and one, e'en at the turning o'th'tide; for after I saw him fumble[9] with the sheets, and play with flowers, and smile upon his fingers' ends, I knew there was but one way; for his nose was as sharp as a pen, and 'a babbled of green fields. 'How now, Sir John?' quoth[10] I, 'What, man, be o'good cheer[11]!' So 'a cried out, 'God, God, God!' three or four times. Now I, to comfort him, bid him 'a should not think of God — I hoped there was no need to trouble himself with any such thoughts yet. So 'a bade me lay more clothes on his feet; I put my hand into the bed, and felt them, and they were as cold as any stone; then I felt to his knees, and so up'ard and up'ard[12], and all was as cold as any stone.

Nym. They say he cried out of[13] sack[14].

Hostess. Ay, that 'a did.

Bardolph. And of women.

Hostess. Nay[15], that 'a[16] did not.

---

1. **prithee** (arch.) = **I pray thee** = *je te prie*.
2. **earn**, pour **yearn**, **grieve** = *avoir de la peine*.
3. **therefor**, pour **therefore** = *donc*.
4. **would** (**I were**) : (conditionnel à valeur d'optatif) **I wish I were** = *je voudrais être* (cf. fr. que ne suis-je ?).
5. **wheresomever** : (arch.) **wherever** = *où que...* (**no matter where**).
6. **Arthur** : employé ici à tort pour **Abraham**.
7. **an** : (arch.) **as if**.

L'Hôtesse. Je t'en prie, mon doux mari chéri, laisse-moi te conduire à Staines.

Pistolet. Non, car mon cœur viril saigne.

Bardolphe, de l'allégresse ! Nym, réveille ta veine de hâbleur ! Petit, hérisse ton courage ! Car Falstaff, lui, est mort.

Nous devons donc nous en affliger.

Bardolphe. Je voudrais bien être avec lui, où qu'il se trouve, que ce soit au ciel ou en enfer !

L'Hôtesse. Non, pour sûr, il n'est pas en enfer ; il est au sein d'Arthur, si jamais homme est allé au sein d'Arthur. Il a choisi la meilleure fin ; il a passé comme un enfant baptisé ; il est même parti juste entre midi et une heure, juste au tournant de la marée. Quand je l'ai vu chiffonner ses draps et jouer avec des fleurs, et sourire au bout de ses doigts, j'ai compris qu'il n'y avait plus qu'une issue ; son nez était pointu comme une plume, il jasait de prés verts. « Eh bien, Messire John ? que je lui dis, allons, mon ami, prenez courage ! » Alors il a crié : « Mon Dieu ! mon Dieu ! mon Dieu ! » trois ou quatre fois. Et moi, alors, pour le réconforter, je lui ai dit de ne pas penser à Dieu — j'espérais que le moment n'était pas encore venu de se soucier de telles pensées. Alors, il m'a demandé de mieux couvrir ses pieds ; j'ai mis ma main dans le lit ; j'ai tâté ses pieds : ils étaient froids comme de la pierre ; puis j'ai tâté ses genoux, et ainsi de plus en plus haut ; et tout était froid comme de la pierre.

Nym. On dit qu'il a maudit le vin sec.

L'Hôtesse. Oui, c'est vrai.

Bardolphe. Et les femmes.

L'Hôtesse. Non, c'est faux.

---

8. **christom** : confusion avec **christened = baptised**.
9. **to fumble** = *fouiller, tâtonner*.
10. **quoth** (arch.) = **said** (1re et 3e pers.).
11. **cheer** (arch.) = **frame of mind** = disposition d'esprit.
12. **up'ard**, pour **upwards** = *vers le haut*.
13. **of** pour **against** = *contre*.
14. **sack** : (cf. fr. *sec*) *vin blanc sec* (des Canaries ou de Xérès).
15. **ay, nay** (arch.) = **yes, no**.
16. On notera l'emploi fréquent de **'a** pour **he**.

1. *J'entendis une sirène (assise) sur le dos d'un dauphin.*
2. *Il décocha de son arc son trait d'amour.*
3. *Le jus de cette fleur te fera raffoler de la première personne que tu verras.*
4. *Ce dont parlent les amoureux est parfois étrange.*
5. *La plume du poète donne une forme aux choses inconnues.*
6. *Comme il est facile de prendre un buisson pour un ours !*
7. *Cette pierre précieuse enchâssée dans la mer d'argent.*
8. *Leurs exploits sont célèbres loin de chez eux.*
9. *C'était une époque où l'Angleterre avait coutume de vaincre les autres.*
10. *On peut dire que l'intérêt est la déviation du monde ;*
11. *ce proxénète, cet entremetteur, ce mot qui change tout.*
12. *Tant que je serai un gueux, j'invectiverai.*
13. *Ce prodigue qui ose à peine montrer sa tête dehors.*
14. *Si vous nous faites tort, nous nous vengerons.*
15. *La vilenie que vous m'enseignez, je la mettrai en pratique.*

1. I heard a mermaid (sitting) on a dolphin's back.
2. He loosened his loveshaft from his bow.
3. The juice of this flower will make you dote on the next person you see.
4. What lovers speak of is sometimes strange.
5. The poet's pen turns unknown things to shapes.
6. How easy it is to mistake a bush for a bear !
7. This precious stone set in the silver sea.
8. Their deeds are renowned far from home.
9. It was a time when England was wont to conquer others.
10. We can say that commodity is the bias of the world ;
11. this bawd, this go-between, this all-changing word.
12. As long as I am a beggar, I will rail.
13. That prodigal, who dare scarcely show his head outside.
14. If you wrong us, we shall revenge.
15. The villainy you teach me, I will execute.

1. *En vertu de quelle obligation dois-je être clément ?*
2. *La clémence bénit celui qui donne et celui qui reçoit.*
3. *Ce tribunal sévère devra forcément rendre un jugement.*
4. *A la fin du combat survint certain milord parfumé comme une modiste.*
5. *Il réclama mes prisonniers de la part de Votre Majesté.*
6. *Dis tes prières, et adieu !*
7. *Qu'ai-je besoin de tant me hâter vers lui ?*
8. *L'honneur n'entend rien à la chirurgie.*
9. *Ne saurait-il vivre avec les vivants ?*
10. *Combien de milliers de mes sujets sont endormis à cette heure ?*
11. *Les grands, dans leur chambre parfumée, sont bercés par une douce mélodie.*
12. *Avez-vous été effrayé par cette clameur assourdissante ?*
13. *Falstaff est mort : nous devons donc avoir de la peine.*
14. *Le moment n'est pas encore venu de vous soucier de telles pensées.*
15. *Quand je l'ai vu chiffonner ses draps, j'ai compris qu'il n'y avait qu'une issue.*

1. Under what obligation must I be merciful ?
2. Mercy blesses him that gives and him that receives.
3. This strict court must needs pass sentence.
4. When the fight was done, there came a certain lord perfumed like a milliner.
5. He claimed my prisoners on behalf of Your Majesty.
6. Say your prayers, and farewell.
7. Why need I hurry so much to him ?
8. Honour has no skill in surgery.
9. Will he not live with the living ?
10. How many thousands of my subjects are asleep at this hour ?
11. In their perfumed chambers, the great are lulled with (a) sweet melody.
12. Were you frightened by the deafening clamour ?
13. Falstaff is dead : therefore we must grieve.
14. There is no need to trouble yourself with such thoughts yet.
15. When I saw him fumble with his sheets, I knew that there was but one way.

As You Like It
Comme il vous plaira

Cette comédie, datée de **1599**, s'inspire d'un roman de Thomas Lodge, *Rosalynde* (1590), dont le sujet est lui-même emprunté à une œuvre faussement attribuée à Chaucer. Dans l'œuvre du Stratfordien, cette pièce fait partie des « comédies brillantes », avec *La Nuit des Rois* et *Beaucoup de bruit pour rien.*

La situation initiale est assez fréquente chez Shakespeare... et dans l'Histoire ! Un triste sire usurpe les biens de son frère qu'il bannit : c'est le cas de Frédéric qui a proscrit le Duc légitime, son frère aîné, lequel vit en exil dans une forêt d'Ardenne assez imaginaire, où l'on trouve des oliviers et des lionnes !

Les choses se compliquent à la cour de Frédéric : sa propre fille Célia, et celle du Duc, Rosalind(e), qui s'est éprise d'Orlando, confié à son frère aîné Oliver (Olivier) à la mort de son père, s'enfuient, ainsi qu'Orlando, dans la forêt d'Ardenne, lorsque Rosalinde est bannie, et qu'Orlando est maltraité, puis chassé, par son frère. Les jeunes filles se déguisent en paysans : Rosalinde devient Ganymède ; Célia passe pour sa sœur Aliéna. Olivier les poursuit, afin de tuer Orlando ; mais sauvé par celui-ci des griffes d'une lionne, il est pris de remords. Il tombe amoureux d'Aliéna, cependant que Ganymède s'engage auprès d'Orlando à faire apparaître, comme par magie, la vraie Rosalinde. Quand tous ces personnages se retrouvent en présence du Duc, Célia et Rosalinde ôtent leur déguisement et apparaissent pour ce qu'elles sont. On apprend incidemment que Frédéric, arrivé lui aussi dans la forêt, avec des intentions meurtrières, a été converti par un vieil ermite, et qu'il a rendu le duché à qui de droit. Les deux jeunes couples peuvent convoler en justes noces.

Les deux personnages masculins Jaques (Jacques), humoriste mélancolique, et Touchstone (Pierre-de-Touche), bouffon philosophe, sont des rôles créés par Shakespeare.

Situation de l'extrait n° 21, ii,1,1–25.

Après un premier acte d'exposition et d'action mené rondement, l'acte ii ne nous présente, comme éléments nouveaux, que l'arrivée d'Orlando, de Rosalinde, de Célia et de Pierre-de-Touche dans la forêt d'Ardenne.

Au début de l'acte ii, nous sommes à la cour rustique du vieux Duc, lequel analyse la situation, dans un style « calme et doux », selon les propres termes d'Amiens, l'un des seigneurs qui l'ont suivi dans son exil.

Situation de l'extrait n° 22, ii,7,139–166.

Cette tirade de Jaques (Jacques) est presque aussi célèbre que celle d'Hamlet « To be or not to be ». Elle se situe vers la fin de l'acte ii, riche en chansons et en dissertations. Il est visible que Shakespeare fait ici de Jaques son porte-parole.

Il peut sembler naturel qu'un auteur-acteur ait eu l'idée de comparer le monde à un théâtre, et la vie à une pièce dont les humains sont les acteurs. Mais pour en faire le morceau de bravoure qu'il a réalisé, et ce raccourci saisissant (notamment le dernier vers), il fallait plus que du talent et de l'imagination. C'est un instantané génial de la « comédie humaine ».

Duke Sen. Now my co-mates[1] and brothers in exile,
Hath not old custom made this life more sweet
Than that of painted pomp? Are not these woods
More free from peril than the envious court?
Here feel we but the penalty of Adam,
The seasons' difference, as the icy fang[2]
And churlish chiding[3] of the winter's wind,
Which when it bites and blows upon my body
Even till I shrink[4] with cold, I smile, and say
'This is no flattery. These are counsellors   10
That feelingly[5] persuade me what I am'.
Sweet are the uses of adversity,
Which like the toad, ugly and venomous,
Wears yet a precious jewel in his head;
And this our life, exempt from public haunt[6],
Finds tongues in trees, books in the running brooks[7],
Sermons in stones, and good in everything.
I would not change it.
Amiens. Happy is your Grace,
That can translate the stubbornness[8] of fortune
Into so quiet and so sweet a style.   20
Duke Sen. Come, shall we go and kill us venison[9]?
And yet it irks me the poor dappled fools[10],
Being native burghers[11] of this desert city,
Should in their own confines[12] with forked heads[13]
Have their round haunches[14] gor'd[15].

---

1. **co-mates** : co-, pour **com-** = *avec*, **mate** = **companion** = *compa-gnon*.
2. **fang** = *croc, canine*.
3. **chiding** : to **chide** (**chid, chidden**) = *gronder, réprimander*.
4. **to shrink** (**shrank, shrunk**) = *rétrécir*.
5. **feelingly** = **so as to make me feel it** = *de façon à me le faire sentir*.
6. **haunt** = *lieu fréquenté* (cf. fr. *hanter*).
7. **brook** = *ruisseau*.

Comme il vous plaira (II,1,1–25)

Le Vieux Duc. Eh bien, mes compagnons et frères d'exil,
une vieille habitude n'a-t-elle pas rendu cette vie plus douce
que celle de la pompe fardée ? Ces bois ne sont-ils pas
plus libres de dangers que l'envieuse cour ?
Ici nous n'endurons que le châtiment d'Adam,
la différence des saisons. Quand la dent glacée
et le grondement hargneux de la bise d'hiver
me mordent et me cinglent tout le corps
jusqu'à ce que je grelotte de froid, je souris et je dis :
« Ceci n'est point de la flatterie ; voilà des conseillers
qui me font vraiment sentir ce que je suis. »
Doux sont les usages de l'adversité
qui, tel le crapaud hideux et venimeux,
n'en porte pas moins dans la tête un joyau précieux.
Cette vie que nous menons, à l'abri de la cohue,
trouve des voix dans les arbres, des livres dans l'eau qui
    coule,
des sermons dans les pierres et du bien en toute chose.
Je ne voudrais pas en changer.
Amiens. Heureuse est Votre Grâce
qui peut traduire l'acharnement de la fortune
en un style si calme et si doux.
Le Vieux Duc. Voyons, allons-nous tuer quelque gibier ?
Pourtant cela me contrarie que ces pauvres innocents
    tachetés,
de par leur naissance citoyens de ce désert,
soient dans leur propre domaine, et par nos flèches,
atteints dans leurs croupes rondes.

---

8. **stubbornness** : de **stubborn** = *têtu*.
9. **venison** : cf. fr. *venaison*. Noter constr. **kill sb sth**.
10. **fool** = *imbécile* ; sens arch. *innocent*.
11. **burgher** : cf. fr. *bourgeois*.
12. **confines = frontiers** = *frontières* (cf. fr. *confins*).
13. **forked heads** : litt. *têtes fourchues*.
14. **haunch** = *hanche*.
15. **gored** : **to gore** = *encorner, percer* ; associé à l'idée de **gore** = **blood** = *sang*.

Jaques. All the world's a stage,
And all the men and women merely[1] players.
They have their exits and their entrances,
And one man in his time plays many parts,
His acts being seven ages[2]. At first the infant[3],
Mewling and puking in the nurse's arms.
Then the whining school-boy with his satchel
And shining morning face, creeping like snail
Unwillingly to school. And then the lover,
Sighing like furnace, with a woeful[4] ballad
Made to his mistress' eyebrow. Then a soldier,
Full of strange[5] oaths, and bearded[6] like the pard[7],
Jealous in honour, sudden, and quick in quarrel,
Seeking the bubble reputation
Even in the cannon's mouth. And then, the justice,
In fair round belly, with good capon lin'd,
With eyes severe, and beard of formal cut,
Full of wise saws[8], and modern[9] instances[10],
And so he plays his part. The sixth age shifts[11]
Into the lean and slipper'd Pantaloon[12],
With spectacles on nose, and pouch on side,
His youthful hose well sav'd, a world too wide
For his shrunk shank[13], and his big manly voice,
Turning again toward childish treble, pipes
And whistles in his sound. Last scene of all,
That ends this strange eventful[14] history,
Is second childishness and mere oblivion,
Sans teeth, sans eyes, sans taste, sans everything.

---

1. **merely** = **simply** = *simplement*.
2. **His acts being seven ages** : litt. *ses actes étant sept âges*.
3. **infant** : litt. *qui ne parle pas ; jeune bébé*.
4. **woeful** : de **woe** = *malheur*.
5. **strange** = *étrange* ; ici sens premier = **foreign** = *étranger*.
6. **bearded** : de **beard** = *barbe* (autrefois sens plus large).
7. **pard** : pour **leopard** (voir introd.).
8. **saw** = **saying** = *dicton*.

Comme il vous plaira (II,7,139–166)

Jacques. Le monde entier est un théâtre,
et tous, hommes et femmes, n'en sont que les acteurs.
Ils y font leurs entrées et leurs sorties ;
chacun, au fil des ans, joue maints rôles,
dans une pièce en sept âges. D'abord le poupon,
vagissant et bavant dans les bras de la nourrice.
Puis l'écolier pleurnicheur, avec son cartable
et son visage reluisant du matin, escargot qui se traîne
à contrecœur vers l'école. Ensuite l'amoureux,
soupirant comme une fournaise, avec une ballade bien triste
dédiée aux sourcils de sa maîtresse. Puis un soldat,
plein de jurons étrangers, léopard moustachu,
l'honneur jaloux, brusque, et vif à la querelle,
poursuivant cette bulle qu'est la réputation,
jusqu'en la gueule du canon. Et puis le juge,
avec beau ventre rond garni de bon chapon,
l'œil sévère, la barbe taillée dans les règles,
plein de sages dictons et de banales maximes :
tel est son rôle. Le sixième âge le change
en maigre Pantalon, avec ses pantoufles,
des lunettes sur le nez, bissac au flanc,
les chausses de sa jeunesse ménagées, un monde trop larges
pour ses jarrets fondus ; sa grosse voix d'homme,
retournant au fausset de l'enfance, fait un son
de flûte et de sifflet. La scène finale
qui conclut cette étrange histoire mouvementée,
c'est la seconde enfance et l'oubli total,
sans dents, sans yeux, sans goût, sans rien du tout.

---

9. **modern** : (sens arch.) *banal.*
10. **instance** = **example** = *exemple.*
11. **to shift** = *changer de place.*
12. **Pantaloon** = *Pantalon*, le vieillard de la comédie italienne.
13. **shrunk shank** : noter l'allitération ; **to shrink** (**shrank**, **shrunk**) = *rétrécir.*
14. **eventful** : litt. *plein(e) d'événements.*

Benedick (John Gielgud) dans
Beaucoup de bruit pour rien

Much Ado About Nothing
Beaucoup de bruit pour rien

(Ou « Beaucoup à faire » : **ado = to do**), comédie écrite vers **1598**, publiée en 1600. L'auteur s'est inspiré de l'Arioste et de Bandello.

Don Pedro, prince d'Aragon, accompagné de deux jeunes seigneurs, Benedick (Bénédict) et Claudio, rend visite à Leonato, gouverneur de Messine, père de Hero (Héro) et oncle de Béatrice. Arrive ce qui devait arriver : Claudio s'éprend de Héro ; on fixe la date de leur mariage. Utilisant le procédé de bouche à oreille, l'auteur rapproche Bénédict et la capricieuse Béatrice. Cependant, Don Juan, frère bâtard de Don Pedro, s'efforce d'empêcher le mariage prévu, en prétextant que Borachio (quelqu'un de sa clique) a eu un entretien avec Héro (en fait sa servante déguisée) à minuit à sa fenêtre. Le prince et Claudio, témoins téléguidés de la scène, sont abusés. Pendant la cérémonie du mariage, ils dénoncent la duplicité de Héro, laquelle s'évanouit. Le frère François suggère à Léonato d'accréditer la nouvelle de la mort de sa fille.

Borachio se vante de son méfait ; arrêté, il avoue. Claudio est condamné à épouser une cousine de Héro qui, ôtant son masque, s'avère être Héro en personne. Béatrice accepte d'épouser Bénédict. Le traître Don Juan est arrêté.

Situation de l'extrait nº 23, IV,1,208–237.

La scène se passe à l'église, lorsque Héro, accusée à tort, s'évanouit. Restés seuls, Léonato s'emporte contre sa fille, tandis que le frère essaie de le rassurer. Héro revient à elle et jure qu'elle est innocente. A Léonato qui se déclare prêt à venger l'affront fait à sa fille, le frère suggère de laisser croire que Héro est morte.

Marry[1], this, well carried, shall on her behalf[2]
Change slander to remorse[3]; that is some good.
But not for that dream I on this strange course, 21
But on this travail[4] look for greater birth.
She dying, as it must be so maintained,
Upon the instant that she was accused,
Shall be lamented, pitied, and excused
Of every hearer; for it so falls out
That what we have we prize not to the worth
Whiles we enjoy it, but being lacked and lost,
Why, then we rack[5] the value, then we find
The virtue that possession would not show us
Whiles it was ours. So will it fare with Claudio. 22
When he shall hear[6] she died upon his words,
Th'idea of her life shall sweetly creep
Into his study[7] of imagination,
And every lovely organ[8] of her life
Shall come apparelled[9] in more precious habit,
More moving, delicate, and full of life,
Into the eye and prospect of his soul,
Than when she lived indeed. Then shall he mourn,
If ever love had interest in his liver[10],
And wish he had not so accusèd her — 23
No, though he thought his accusation true.
Let this be so, and doubt not but success[11]
Will fashion the event[12] in better shape
Than I can lay it down in likelihood.
But if all aim but this be levelled false,
The supposition of the lady's death
Will quench the wonder of her infamy.

---

1. **Marry** (de **Mary**) : exprime la surprise.
2. **on behalf of** = 1. *de la part de* ; 2. *en faveur de*.
3. **remorse** : (ici) **sorrow** = *chagrin*.
4. **travail** : (arch.) *douleurs de l'enfantement* ; d'où l'image de **birth** = *naissance*.
5. **to rack** : (arch.) **to exaggerate**.
6. **when he shall hear** : (arch.) = **when he hears** (cf. français).

Beaucoup de bruit pour rien

Pardi, cette affaire, bien menée, en sa faveur
changera la calomnie en chagrin ; voilà déjà un bien.
Mais ce n'est pas pour cela que je songe à cet étrange
   procédé :
de cette épreuve j'attends un meilleur fruit.
Crue morte — car il faut le confirmer —,
alors même qu'elle était accusée,
elle sera pleurée, plainte, pardonnée
de quiconque l'apprendra ; car il s'avère
que ce que nous avons, nous ne l'estimons pas à sa valeur,
tant que nous en jouissons ; mais perdu, manquant,
eh bien, alors nous en exagérons la valeur, alors nous
   découvrons
le mérite que la possession ne voulait pas nous montrer
tant qu'il était nôtre. C'est ce qui se passera pour Claudio.
Quand il apprendra que ce sont ses paroles qui l'ont tuée,
l'idée de Héro vivante s'insinuera doucement
dans son imagination fertile ;
et tous les charmants attraits de sa vie
se présenteront ornés d'habits plus précieux,
plus émouvants et délicats, plus riches de vie,
aux yeux et aux regards de son âme,
que lorsqu'elle vivait réellement. Alors, il gémira,
si jamais en son cœur l'amour eut quelque intérêt,
et il regrettera de l'avoir ainsi accusée,
et cela, même si l'accusation lui semblait juste.
Qu'il en soit ainsi ; et ne doutez pas que la suite
n'arrange le dénouement de meilleure façon
que je ne puis l'imaginer en toute vraisemblance.
Même si tous les autres buts visés étaient ratés,
la seule supposition de la mort de cette personne
éteindra le scandale de son infamie.

---

7. **study** = *étude* ; cf. **brown study** = *méditation*.
8. **organ** : (ici) **feature** = *trait*.
9. **to apparel** : (arch.) *vêtir*.
10. **liver** = *foie* (considéré comme siège de l'amour).
11. **success** : (ici) **what follows** = *ce qui suit* ; **doubt not but/that**.
12. **event** = *événement* ; (ici) **outcome** = *dénouement*.

Les Joyeuses Commères de Windsor
(Tableau de Herbert Beerbohm Tree)

The Merry Wives of Windsor
Les Joyeuses Commères de Windsor

Cette comédie aurait été écrite en quinze jours, à la demande de la reine, peu avant **1600**. Le problème des sources reste posé.

Deux intrigues entremêlées. Dans l'intrigue principale, Falstaff désargenté jette son dévolu sur les épouses de deux bourgeois de Windsor, Ford (Legué) et Page. Celles-ci sont honnêtes, même si les maris en doutent, mais elles ne détestent pas s'amuser. Falstaff en fait la triste expérience à deux reprises, d'abord en étant jeté dans la Tamise, ensuite en étant assailli dans la forêt par de fausses fées, et démasqué par Legué et Page.

Dans l'intrigue secondaire, Anne, fille de Page, a trois soupirants. Shakespeare fait encore appel au travesti. Deux des soupirants découvrent qu'ils ont enlevé chacun un garçon déguisé, cependant que le troisième larron, qui est aimé d'Anne, s'enfuit avec elle et l'épouse.

Situation de l'extrait nº 24, III,5,1–29

Dans l'acte III, on assiste à la première entrevue de Falstaff et de Mme Legué. Elle est de courte durée, du fait de l'arrivée de Mme Page et de Legué lui-même qui, prévenu, vient constater l'adultère. Falstaff se cache dans une corbeille à lessive, sous du linge sale, et se retrouve bientôt dans la Tamise.

La scène 5 se déroule à l'auberge de la Jarretière. Entrent Falstaff et Bardolphe.

Falstaff. Bardolph, I say!
Bardolph. Here, Sir.
Falstaff. Go fetch me a quart of sack[1] — put a toast in't.
(*Exit Bardolph*) Have I lived to be carried in a basket
like a barrow[2] of butcher's offal? And to be thrown in
the Thames? Well, if I be served such another trick, I'll
have my brains ta'en out and buttered, and give them to
a dog for a new-year's gift. The rogues slighted[3] me into
the river with as little remorse as they would have drowned a blind bitch's puppies, fifteen i'th'litter. And you
may know by my size that I have a kind of alacrity in
sinking. If the bottom were as deep as hell, I should
down[4]. I had been drowned but that the shore was
shelvy[5] and shallow — a death that I abhor, for the water
swells a man, and what a thing should I have been when
I had been swelled! I should have been a mountain of
mummy. (*Enter Bardolph with sack*)
Bardolph. Here's Mistress Quickly, Sir, to speak with
you.
Falstaff. Come, let me pour in some sack to the Thames
water, for my belly's as cold as if I had swallowed
snowballs for pills to cool the reins[6]. Call her in.
Bardolph. Come in, woman. (*Enter Mistress Quickly*)
Mistress Quickly. By your leave; I cry you mercy[7].
Give your worship[8] good morrow.
Falstaff. Take away these chalices. Go, brew me a
pottle[9] of sack finely.
Bardolph. With eggs, Sir?
Falstaff. Simple of itself. I'll[10] no pullet-sperm in my
brewage.

---

1. **sack** = *vin blanc sec* (de Xérès ou des Canaries).
2. (**wheel**) **barrow** : *brouette*; (ici) **barrow-load** = *brouettée*.
3. **slighted me** : l'auteur semble jouer sur les deux mots **to slide**
   (**slid**) = *glisser*, et **to slight** = *offenser*.
4. **I should** (**have gone**) **down** ; **I had been drowned**, pour **I
   should have been**.
5. **shelvy** : (arch.) **shelving** = *en pente douce*.

Les Joyeuses Commères de Windsor
(III, 5, 1–29)

Falstaff. Dis donc, Bardolphe !

Bardolphe. Voilà, monsieur.

Falstaff. Va me chercher un litre de vin sec ; mets-y une rôtie. (*Sort Bardolphe.*) N'ai-je donc vécu que pour être emporté dans une corbeille, comme une brouettée d'abats de boucherie ? et pour être jeté dans la Tamise ? Eh bien, si je me laisse encore jouer un tel tour, je veux qu'on m'arrache la cervelle, qu'on la cuise au beurre et qu'on la donne à un chien pour ses étrennes. Les marauds m'ont versé vulgairement dans la rivière, avec aussi peu de remords que s'ils avaient noyé une portée de quinze chiots d'une chienne aveugle. Et vous pouvez deviner, de par ma corpulence, que j'ai une certaine facilité à m'enfoncer. Si le fond avait été aussi profond que l'enfer, j'y serais descendu. Je me serais noyé si le fond n'avait été en pente douce et peu profond — une mort que j'abhorre, car l'eau vous enfle ; et à quoi aurais-je ressemblé une fois enflé ? J'aurais été une montagne momifiée. (*Entre Bardolphe avec le vin.*)

Bardolphe. Monsieur, voici dame Bonnelangue qui voudrait vous parler.

Falstaff. Allons, versons un peu de vin dans l'eau de la Tamise. J'ai le ventre glacé comme si j'avais avalé des boules de neige en guise de pilules pour me rafraîchir les reins. Fais-la entrer.

Bardolphe. Entrez, bonne femme. (*Entre dame Bonnelangue.*)

Dame Bonnelangue. Avec votre permission. Je vous demande pardon. Bien le bonjour à Votre Révérence.

Falstaff. (*à Bardolphe*) Emporte ces calices, et va me préparer en beauté un pot de vin chaud.

Bardolphe. Monsieur, avec des œufs ?

Falstaff. Du vin pur et simple. Je ne veux pas de sperme de poulet dans mon breuvage.

---

6. **reins** : (cf. fr ; arch.) **loins**, **kidneys**.
7. **I cry you mercy = I beg your pardon**.
8. **your worship** : employé par moquerie ; cf. **to worship** = *adorer*.
9. **pottle = two quarts** (1 **quart** = 1,136 litres).
10. **I'll = I will (have)**.

Twelfth Night (or what you will)
La Nuit des Rois
(ou ce que vous voudrez)

Littéralement : *la douzième nuit* (après Noël), peut-être en souvenir de la première représentation (6 janvier **1600** ?). Cette comédie délicieuse n'est pas sans rappeler *La Comédie des méprises* et *Comme il vous plaira*. On note aussi qu'elle s'inspire au départ de la comédie italienne *Gli'Ingannati, Les Abusés*.

Viola et Sebastian (Sébastien), jumeaux qui se ressemblent « à s'y méprendre », n'était-ce la différence de sexe, font naufrage ; et chacun ignore ce que l'autre est devenu. Viola déguisée en page se met au service d'Orsino, duc d'Illyrie. C'est le début de l'intrigue principale, dans laquelle Viola-Cesario aime le duc, qui aime Olivia, qui aime Viola-Cesario.

Dans une intrigue secondaire grotesque, entremêlée à l'intrigue romanesque, on voit Malvolio, intendant d'Olivia, qui se croit aimé d'Olivia, et qui se fait berner par la bande formée par Tobie Belch (Tobie Lerot, oncle d'Olivia), Andrew Aguecheek (André Malejoue), Fabien et Feste (bouffons au service d'Olivia), ainsi que de Maria (suivante d'Olivia).

Le problème posé, Shakespeare se tire d'affaire en faisant intervenir Sébastien, qui est pris pour Viola-Cesario, et qui épouse Olivia sur-le-champ en secret.

L'acte v dénoue l'imbroglio en réunissant le frère et la sœur. Le duc épouse Viola qui répond à Olivia, à la question « Où va Cesario ? », « Avec celui que j'aime/ plus que je n'aime mes yeux, plus que ma vie,/ plus, beaucoup plus que je n'aimerai jamais une épouse. » (v,1,132–134)

A signaler que la pièce renferme l'une des plus belles chansons de l'œuvre de Shakespeare : « Come away, come away, death... », « Viens-t'en, viens-t'en, mort. » (ii,4,50–65)

Situation de l'extrait nº 25, I,1,1–15 & 20–33.

A part un court échange où Curio (gentilhomme, comme Valentin, au service du duc) demande à Orsino s'il veut aller chasser le daim, à quoi celui-ci répond : « Eh ! c'est ce que je fais, et c'est le plus noble (gibier) que je possède », le premier extrait présente le début de la pièce. La scène se passe dans une pièce du palais ducal. Entrent Orsino, Curio, d'autres seigneurs ; des musiciens les accompagnent.

Situation de l'extrait nº 26, II,4,92–120.

L'acte II est le plus brillant de la pièce ; et la scène 4 en est le joyau. Au début, le duc, tourmenté par son amour pour Olivia, réclame de la musique ; puis il tance Viola-Cesario qui se trahit presque en avouant avoir aimé une femme de l'âge de son maître (Shakespeare évoque-t-il sa propre situation ?). « Les femmes sont comme les roses : à peine épanouies elles s'effeuillent. » Après la chanson déjà citée, chantée par Feste que le duc récompense, les personnages présents se retirent, à l'exception d'Orsino, qui se plaint qu'Olivia lui batte froid, et de Viola-Cesario qui lui demande ce qu'il ferait si une autre femme — « peut-être cette femme existe-t-elle » — l'aimait sans espoir. Orsino lui répond.

Ors. If music be the food of love, play on,
Give me excess of it, that, surfeiting[1],
The appetite may sicken[2], and so die.
That strain[3] again! It had a dying fall[4].
O, it came o'er my ear like the sweet sound
That breathes upon a bank of violets,
Stealing and giving odour. Enough, no more!
'Tis not so sweet now as it was before.
O spirit of love, how quick and fresh[5] art thou,
That, notwithstanding[6] thy capacity   10
Receiveth as the sea, naught enters there,
Of what validity[7] and pitch[8] soe'er[9],
But falls into abatement and low price
Even in a minute. So full of shapes is fancy
That it alone is high[10] fantastical. ...
O, when mine eyes did see Olivia first,   20
Methought she purged the air of pestilence.
That instant was I turned into a hart[11],
And my desires, like fell[12] and cruel hounds,
E'er since pursue me. (*Enter Valentine*)
How now! What news from her?
Val. So please my lord, I might not[13] be admitted,
But from her handmaid do return this answer :
The element itself, till seven years' heat,
Shall not behold her face at ample view,
But like a cloistress she will veilèd walk,
And water once a day her chamber round   30
With eye-offending brine[14]; all this to season
A brother's dead love, which she would keep fresh
And lasting, in her sad remembrance.

---

1. **to surfeit** : (ici) **to be surfeited with** = *être repu de*.
2. **to sicken** = *tomber malade*.
3. **strain** : (ici) **tune** = *air*.
4. **fall** : (ici) *cadence*.
5. **quick and fresh** = **keen and eager** (to devour).
6. **notwithstanding** = **although** (ici, conj.); cf. fr. *nonobstant* : prép./adv.
7. **validity** : (ici) **value**.
8. **pitch** = 1. **height** = *hauteur*, 2. **excellence**.

La Nuit des Rois (I,1,1–15 et 20–33)

Ors. Si l'amour se nourrit de musique, jouez encore ;
donnez-m'en à l'excès ; que rassasié,
mon appétit faiblisse et en meure.
Encore cet air ! il avait une cadence mourante.
Oh ! il a effleuré mon oreille comme le doux son
qui souffle sur un parterre de violettes,
dérobant et répandant le parfum. Assez ! suffit !
A présent ce n'est plus aussi doux qu'auparavant.
Esprit de l'amour, que tu es vif et avide,
pour que, nonobstant ta capacité
à engloutir autant que la mer, rien n'y entre,
quelles qu'en soient la valeur et l'excellence,
qui ne se déprécie, et dont la valeur ne baisse
en une seule minute. Si pleine de rêves est la passion
qu'elle seule atteint les cimes de l'imaginaire. ...
Oh ! sitôt que mes yeux virent Olivia,
il me sembla qu'elle purgeait l'air de toute impureté.
Dès cet instant je me changeai en cerf ;
et mes désirs, tels des limiers farouches et cruels,
depuis lors me poursuivent. (*Entre Valentin.*) Eh bien,
  qu'a-t-elle dit ?

Val. N'en déplaise à monseigneur, je n'ai pas pu être admis ;
mais de la part de sa suivante, je vous rapporte cette
  réponse :
le ciel lui-même, jusqu'aux chaleurs de sept années,
ne verra pas son visage à découvert ;
mais, telle une sœur cloîtrée, elle ira, portant le voile,
et arrosera une fois par jour le tour de sa chambre
de larmes cuisantes ; tout cela pour conserver
son amour pour son frère défunt, qu'elle voudrait garder
  intact
et durable, en son triste souvenir.

---

9. **of what... soe'er** : *de quelque... (que ce soit), quelles qu'en soient...*

10. **high**, pour **highly**.

11. **I turned into a hart** : souvenir des *Métamorphoses* d'Ovide.

12. **fell** = **savage** = *sauvage*.

13. **I might not** : sens proche de **I could not** (avec nuance de permission).

14. **brine**: (poét.) **salt water** = *eau salée* ; d'où = *larmes*.

Ors. There is no woman's sides[1]
Can[2] bide[3] the beating of so strong a passion
As love doth give my heart; no woman's heart
So big to hold so much, they lack retention.
Alas, their love may be called appetite,
No motion of the liver[4], but the palate,
That suffer surfeit, cloyment[5], and revolt.
But mine is all as hungry as the sea,
And can digest as much. Make no compare   100
Between that love a woman can bear me
And that I owe[6] Olivia.
Vio. Ay, but I know —
Ors. What dost thou know?
Vio. Too well what love women to men may owe.
In faith, they are as true of heart as we.
My father had a daughter loved a man —
As it might be perhaps, were I a woman,
I should your lordship[7].
Ors. And what's her history?
Vio. A blank[8], my lord. She never told her love,
But let concealment, like a worm i' the bud,   110
Feed on her damask cheek. She pined in thought,
And with a green and yellow melancholy,
She sat like Patience on a monument,
Smiling at grief. Was not this love indeed?
We men may say more, swear more, but indeed
Our shows are more than will[9], for still we prove
Much in our vows, but little in our love.
Ors. But died thy sister of her love, my boy?
Vio. I am all the daughters of my father's house,
And all the brothers too; and yet, I know not...   120

---

1. **side** = *côté* ; (d'où, sens figuré) *cœur, sein*.
2. **can** : relatif sujet sous-entendu ; cf. vers 106.
3. **to bide** : (arch. pour) **to abide** (**abode**) = *supporter*.
4. **liver** = *foie* (comme siège de l'amour).
5. **cloyment** : de **to cloy** = *rassasier*.

La Nuit des Rois (II,4,92–120)

Ors. Le sein d'aucune femme
ne saurait supporter les battements d'une passion violente
comme celle que l'amour donne à mon cœur ; nul cœur de
    femme
n'est assez vaste pour en contenir autant ; elles manquent de
    constance.
On peut, hélas, appeler leur amour appétit,
un mouvement du palais, mais non du foie,
sujet à la satiété, au dégoût, à la répulsion.
Mais le mien est affamé comme la mer,
et peut en digérer autant. Pas de comparaison
entre l'amour qu'une femme peut éprouver pour moi,
et celui que je porte à Olivia.
Viola. Oui, mais je sais...
Ors. Que sais-tu ?
Viola. Trop bien l'amour qu'une femme peut offrir à un
    homme.
En toute bonne foi, elles ont le cœur aussi fidèle que nous.
Mon père avait une fille qui aimait un homme...
tout comme je pourrais peut-être, si j'étais une femme,
vous aimer, monseigneur.
Ors. Et quelle est son histoire ?
Vio. Rien, monseigneur ; elle n'a jamais avoué son amour ;
elle a laissé le secret, comme un ver dans le bourgeon,
se repaître du damas de ses joues. Elle languit d'y penser
et, prise d'une verte et jaune mélancolie,
elle resta comme la Résignation sur une tombe,
souriant à son chagrin. N'était-ce pas vraiment de l'amour ?
Nous autres hommes pouvons parler plus, jurer plus, mais
    en fait
nos gestes dépassent nos sentiments ; toujours nous nous
    montrons
grands dans nos serments, mais petits dans notre amour.
Ors. Mais ta sœur, petit, mourut-elle d'amour ?
Vio. Je suis la seule fille au foyer de mon père,
et aussi le seul fils ; et pourtant je ne sais point...

---

6. **to owe (money)** = *devoir* ; (ici) **to render (love) to**.
7. **I should (love) your lordship**.
8. **blank** : (cf. fr. *blanc*) *non écrit, blanc, vide.*
9. **our shows are more than will** = **we show more passion than
    we feel**.

Julius Caesar
Jules César

Première des trois tragédies romaines dont Shakespeare a trouvé le sujet dans les *Vies parallèles* de Plutarque (traduction anglaise, de North, de la version française d'Amyot), cette pièce fut produite sans doute en **1599**, et imprimée dans le folio de 1623. Elle traite d'événements qui se sont produits d'octobre 45 av. J.-C.. (cinquième triomphe après la campagne d'Égypte), jusqu'à la bataille de Philippes (42 av. J.-C.), en passant par l'assassinat de César sur les marches du Capitole (aux ides – 15 – de mars 44). Selon son habitude, Shakespeare resserre le temps historique en temps dramatique, comprimant les événements de quelques années en quelques semaines, voire en quelques jours.

Un groupe de conspirateurs épris de liberté, comprenant Cassius et Cosca, s'inquiètent de l'ambition croissante de César, qui dispose déjà des pleins pouvoirs. Ils gagnent à leur cause Brutus, ami intime de César, qui se rallie au complot à regret, par devoir envers la république. Après l'assassinat de César, Antoine, ami de César, dans un discours célèbre, habile et ironique, contre Brutus, retourne la fureur du peuple. Avec Octave, neveu de César, et Lepidus, Antoine forme un triumvirat, et défait les forces levées par Brutus et Cassius à la bataille de Philippes. Ayant compris les vrais mobiles qui ont poussé les conjurés à assassiner César, Brutus et Cassius se donnent la mort.

Les deux grandes scènes de la tragédie, d'où les extraits sont tirés, sont le discours d'Antoine ameutant le peuple contre les conspirateurs (III,2), et la réconciliation de Brutus et de Cassius après la mort de Portia, épouse de Brutus (IV,3).

La tragédie de *Jules César* est l'une des pièces de Shakespeare les plus souvent jouées et traduites en France.

Situation de l'extrait nº 27, III,2,74–81, 86–98 et 101–108.

L'acte III est le point culminant de la pièce, non seulement parce qu'il décrit l'assassinat de César (III,1), mais aussi parce qu'il nous montre l'habileté diabolique d'Antoine, le grand homme de cet acte, qui, non content d'avoir sauvé sa vie, et sans renier César, fait mine de s'entendre avec les conjurés. Bien entendu, il sait déjà comment venger César.

Situation de l'extrait nº 28, IV,3,197–223.

Les actes IV et V forment un contraste avec les trois premiers actes, beaucoup plus vivants dans le tragique et l'humour.. L'auteur tire les conséquences du meurtre de César. Antoine reste le personnage brillant que Shakespeare a brossé, sans emprunter à Plutarque le mélange du débauché et du grand soldat. La longue scène 3 (306 vers), se passe dans la tente de Brutus. Brutus et Cassius s'invectivent sans aménité, se reprochant leurs conduites respectives ; mais l'annonce de la mort de Portia met fin à leurs ressentiments. Alors Brutus et Cassius envisagent de s'opposer aux forces du triumvirat ; mais ils ne sont pas d'accord sur le lieu à choisir pour la bataille.

Antony. Friends, Romans, countrymen, lend me your
  ears;
I come to bury Caesar, not to praise him;
The evil that men do lives after them,
The good is oft interred with their bones,
So let it be with Caesar... The noble Brutus
Hath told you Caesar was ambitious:
If it were so, it was a grievous fault,   80
And grievously hath Caesar answered it.
  ...

He was my friend, faithful and just to me:
But Brutus says he was ambitious;
And Brutus is an honourable man....
He hath brought many captives home to Rome,
Whose ransoms did the general[1] coffers fill: 90
Did this in Caesar seem ambitious?
When that[2] the poor have cried, Caesar hath wept:
Ambition should be made of sterner stuff[3]:
Yet Brutus says he was ambitious;
And Brutus is an honourable man.
You all did see that on the Lupercal[4]
I thrice[5] presented him a kingly crown,
Which he did thrice refuse: was this ambition?

  ...

I speak not to disprove[6] what Brutus spoke,
But here I am to speak what I do know.
You all did love him once, not without cause:
What cause withholds you then to mourn for him?
O judgement! thou art fled to brutish beasts,
And men have lost their reason.... Bear with[7] me;
My heart is in the coffin there with Caesar,
And I must pause till it come back to me. (*he weeps*)

On notera l'effet obtenu par l'emploi d'un vocabulaire restreint,
percutant, vraiment « moderne ».
1. **general** : (ici)**public**.
2. **when that** : conj. renforcée (cf. fr. *lors-que*).
3. **made of sterner stuff** : litt. *faite d'une étoffe plus solide* ; **stern**
  = *sévère, dur*.

Jules César (III,2,74–81,86–98 et 101–108)

Antoine. Amis, Romains, compatriotes, prêtez l'oreille :
je viens enterrer César, non faire son éloge ;
le mal que font les hommes leur survit ;
le bien est souvent inhumé avec leurs os.
Qu'il en soit ainsi pour César !... Le noble Brutus
vous a dit que César était ambitieux ;
s'il en était ainsi, c'était une faute grave ;
et César l'a gravement expiée.
...
Il était mon ami, loyal et juste envers moi ;
mais Brutus dit qu'il était ambitieux ;
et Brutus est un homme honorable...
César a ramené à Rome nombre de captifs,
dont les rançons ont rempli les coffres publics :
est-ce que ceci, en César, a semblé ambitieux ?
Quand les pauvres pleuraient, César versait des larmes ;
l'ambition devrait être d'une autre trempe ;
pourtant Brutus dit que César était ambitieux ;
et Brutus est un homme honorable.
Vous tous avez vu qu'aux Lupercales
je lui offris trois fois une couronne royale
que, par trois fois, il refusa. Était-ce là de l'ambition ?
...
Je ne parle pas pour désapprouver ce qu'a dit Brutus ;
mais je suis ici pour dire ce dont je suis sûr.
Jadis vous l'avez tous aimé, non sans raison :
dès lors, quelle raison vous retient de le pleurer ?
O jugement ! tu as fui chez les bêtes brutes,
et les hommes ont perdu leur raison... Excusez-moi,
mon cœur est là dans le cercueil, avec César ;
et il me faut attendre qu'il me revienne. (*Il pleure.*)

---

4. **Lupercal** = *Lupercales*, fêtes célébrées en l'honneur de Lupercus,
   dieu de l'Italie ancienne.
5. **thrice** (arch., littér.) = **three times** = *trois fois* (cf. **once**, **twice**).
6. **to disprove** = *réfuter* ; (ici, sens fr.) *désapprouver*.
7. **to bear with** = *supporter patiemment*.

Cas. 'Tis better that the enemy seek us:
So shall he waste his means, weary his soldiers,
Doing himself offence[1]; whilst we lying still
Are full of rest, defence and nimbleness.   200
Bru. Good reasons must of force give place to better.
The people 'twixt[2] Philippi and this ground
Do stand but in a forced affection,
For they have grudged us contribution:
The enemy, marching along by them,
By them shall make a fuller number up,
Come on refreshed, new-added and encouraged;
From which advantage shall we cut him off[3]
If at Philippi we do face him there,
These people at our back.
Cas. Hear me, good brother.   210
Bru. Under your pardon. You must note beside[4]
That we have tried[5] the utmost of our friends,
Our legions are brim-full[6], our cause is ripe:
The enemy increaseth every day;
We, at the height[7], are ready to decline.
There is a tide in the affairs of men
Which taken at the flood[8] leads on to fortune;
Omitted, all the voyage of their life
Is bound in shallows and in miseries.
On such a full sea are we now afloat,
And we must take the current when it serves,
Or lose our ventures[9].
Cas. Then, with your will, go on;
We'll along[10] ourselves and meet them at Philippi.

---

1. **offence** : (ici, sens arch.) **hurt**, **harm** = *tort*.
2. **'twixt = betwixt** : (arch.) **between**.
3. **to cut sb. off from** = *couper, isoler qn de*.
4. **beside** : (prép.) *à côté de* ; (ici arch.=) **besides** (adv./ prép.) = (*en*) *outre*.
5. **to try** = *essayer* ; (ici) **to obtain** = *obtenir, tirer*.

Jules César (IV,3,197–223)

Cas. Mieux vaut que l'ennemi nous cherche :
ainsi il épuisera ses ressources, fatiguera ses soldats,
se faisant tort à lui-même, tandis que nous, sans bouger,
nous serons tout à fait reposés, solides et alertes.
Bru. Bonnes raisons doivent forcément céder à de
    meilleures.
Les gens qui sont entre nous et Philippes
ne font preuve que d'une affection contrainte,
car ils ont rechigné pour leur contribution.
L'ennemi en marchant chez eux,
grossira ses effectifs grâce à eux,
arrivant rafraîchi, renforcé, encouragé ;
avantage dont nous l'amputerons
si nous l'affrontons à Philippes
en gardant ces gens-ci sur nos arrières.
Cas. Écoutez-moi, mon bon frère.
Bru. Permettez. Vous devez noter, en outre,
que nous avons tiré le maximum de nos amis ;
nos légions sont complètes, notre cause est mûre.
L'ennemi s'accroît tous les jours ;
nous, étant au faîte, sommes prêts à décliner.
Il y a, dans les affaires des hommes, une marée ;
prise au flux, elle mène à la fortune ;
qu'on la manque, tout le voyage de leur vie
est cerné de bas-fonds et de souffrances.
Telle est la pleine mer où nous voguons à présent ;
il nous faut suivre le courant quand il nous sert,
ou perdre notre cargaison.
Cas. Alors, puisque vous le voulez, allons-y !
Nous allons nous mettre en route et les rencontrer à
    Philippes.

---

6. **brim-full = full to the brim** : litt. *plein jusqu'au bord, plein* (*à déborder*).
7. **height** = *hauteur* ; (ici) **top** = *faîte*.
8. **at the flood = when the tide is rising** = *à la marée montante*.
9. **venture** (sens arch.) = **merchandise at sea**.
10. **we'll (go) along**.

Hamlet

Un récit de l'historien Saxo Grammaticus (XIIIe siècle) a fourni à Shakespeare le sujet de sa tragédie, la plus célèbre de son théâtre, composée en **1601–1602**, publiée partiellement en quarto en 1603, totalement en 1604, et avec quelques omissions dans l'in-folio de 1623. La version définitive, très longue, compte dans les diverses éditions environ 3 900 lignes ou vers.

Quand on présente un « monument » comme *Hamlet*, il semble préférable de traiter séparément les cinq actes, car chaque acte « mérite le détour ». La scène se passe au Danemark.

Acte I. L'atmosphère est lourde dès le début. Comme dit l'officier Marcellus, « il y a quelque chose de pourri dans l'État du Danemark » (I,4,90). Le père d'Hamlet, noble roi, est mort subitement. Alors que le jeune Hamlet, héritier légitime, était jusqu'alors étudiant à Wittemberg, Claudius, frère du feu roi, s'est emparé du trône, a séduit Gertrude, veuve de l'ancien roi, et l'a épousée « avec une hâte criminelle » (I,2,157).

L'acte est dominé par la **révélation** faite au jeune Hamlet, sur les remparts du château d'Elseneur, par le spectre de son père, lequel n'est pas mort d'une piqûre de serpent, comme on l'a prétendu, mais empoisonné par Claudius. Il demande à son fils (qui s'était douté de quelque chose : « O mon âme prophétique ! » (I,5,41) de venger sa mort « sans souiller (son) âme » (I,5,85).

Dans le même temps Laërte, frère d'Ophélie, puis leur père Polonius, lord chambellan, demandent à la jeune fille de ne plus accepter les marques d'affection d'Hamlet, qui est jeune « et peut tirer bien plus loin que vous sur sa longe » (I,3,125).

Hamlet, choqué par la conduite de son oncle et de sa mère, puis par le changement dans le comportement d'Ophélie, hésite entre deux voies : le suicide, interdit par l'Éternel (I,2,132) ou la folie simulée. Après avoir déclaré à Horatio, son seul véritable ami : « Horatio, il y a plus de choses, au ciel et sur la terre, que n'en rêve votre philosophie » (I,5,166–167), il opte pour la seconde solution : « car je croirai bon, peut-être, par la suite, de revêtir un personnage bizarre » (I,5,171–172).

Acte II. C'est dans cet acte qu'Hamlet commence à **simuler la folie** (afin de pouvoir observer et même provoquer les gens, sans se trahir), notamment lorsque Ophélie l'éconduit : une folie troublante, pétrie d'imagination et d'ironie, parfois furieuse, qui varie en fonction de l'interlocuteur, et dont la première victime sera Ophélie, qui l'aime tendrement.

On apprend par ailleurs qu'une troupe de comédiens vient d'arriver au château. Hamlet va leur faire jouer « quelque chose qui ressemblera au meurtre de mon père » (II,2,624). Il demande à Horatio de bien surveiller le visage de son oncle quand on jouera la scène.

Acte III. C'est un acte d'une très grande **richesse**. Il renferme non seulement la tirade la plus célèbre de la littérature anglaise, « To be, or not to be... » (III,1,56), mais aussi un dialogue décisif entre Hamlet et Ophélie à qui Hamlet suggère : « Va dans un couvent, pars, a-dieu ; ou si tu veux absolument te marier, épouse un imbécile, car les gens sages savent trop bien quels monstres vous faites d'eux » (III,1,141–144). Il constitue également un **document** unique sur le théâtre et sur les comédiens de l'époque. C'est précisément quand on joue la scène prévue devant le roi, que celui-ci se trouble, et qu'il se trahit en arrêtant la représentation et en quittant la salle. Enfin c'est l'acte où Hamlet ne peut se décider à tuer le roi qu'il surprend en prière (III,3), mais où il poignarde Polonius à travers une tenture (en croyant tuer le roi) au cours d'une entrevue orageuse avec sa mère (III,4).

Acte IV. Le roi, qui avait montré son hypocrisie diabolique dès le début de la pièce, observe maintenant avec lucidité la folie d'Hamlet. Craignant pour lui-même, voulant éviter, dit-il, le chagrin de la reine, et celui du « populaire » très attaché à Hamlet, il décide, non pas de châtier lui-même son neveu, mais de l'envoyer en Angleterre, avec des ordres précis de le tuer dès son arrivée.

La folie élective d'Hamlet semble parfois céder devant l'événement, par exemple lorsqu'il annonce au roi et à Horatio (après avoir eu connaissance des ordres donnés par Claudius à son égard), qu'il a été pris par des pirates (IV,6,14) et débarqué tout nu en Angleterre (IV,7,42).

C'est l'acte où **Ophélie**, **devenue folle**, se pare de fleurs et se noie.

C'est enfin l'acte où le roi, apprenant le retour d'Hamlet, prépare avec l'accord de Laërte (prêt à venger son père et sa sœur) un duel entre lui (avec une épée démouchetée et empoisonnée) et Hamlet, prévoyant en outre une coupe empoisonnée, pour qu'Hamlet puisse se désaltérer !

Acte V. C'est le **dénouement**. Dans la scène 1, où Hamlet s'entretient avec des fossoyeurs (qui préparent une sépulture chrétienne pour Ophélie, bien qu'elle se soit suicidée !) et déterre le crâne de Yorick, on ne sait pas trop quel est le dosage de raison et de folie dans ses propos.

Aux funérailles tronquées d'Ophélie, la reine répand des fleurs sur son cercueil, en disant : « Sweets to the sweet » (des douceurs pour les doux, des fleurs pour les fleurs, (V,1,266), phrase très souvent employée encore aujourd'hui.

Dans la scène 2 (où Hamlet semble avoir vieilli, car la reine trouve qu'il est « gras et vite essoufflé » (V,2,298), Laërte blesse Hamlet de son épée empoisonnée ; puis, au cours du duel, se produit un échange des épées ; et après que la reine a bu dans la coupe empoisonnée, Hamlet blesse Laërte, puis le roi : tout le monde meurt. Survient le jeune Fortinbras, prince de Norvège, qui a vaincu les Polonais. Avec Horatio, il organise des funérailles décentes, en particulier pour Hamlet.

On a beaucoup glosé sur les atermoiements d'Hamlet et sur sa folie feinte. On peut comprendre que ce jeune prince, sensible et réfléchi, ait attendu cinq actes pour tuer son oncle (d'ailleurs, ne croit-il pas le tuer, dès l'acte III, lorsqu'il poignarde Polonius caché derrière une tenture ?). Quant à la folie, qui n'était qu'un jeu au départ, elle a trouvé chez Hamlet un terrain dépressif particulièrement favorable. A partir de l'acte III, où Hamlet envisage sérieusement le suicide, on peut penser qu'il subit sa folie, une folie fluctuante, comportant des périodes de rémission, de lucidité (même au 5e acte).

Dans cette œuvre sublime, Shakespeare nous fait un cours pratique de pathologie mentale.

Situation de l'extrait n⁰ 29, I,2,129–157.

Ce passage célèbre (notamment les premiers vers) se situe presque au début de la pièce. Gertrude, puis Claudius, tentent en vain d'expliquer à Hamlet, avec une hypocrisie diabolique, que la mort est une fatalité à laquelle nous sommes tous condamnés ; qu'il doit surmonter sa douleur. Ils sortent, afin de prendre part aux festivités prévues pour leur mariage. Hamlet reste seul.

Situation de l'extrait n⁰ 30, III,1,56–83.

La plus célèbre tirade du théâtre anglais. Les Anglais cultivés la connaissent par cœur. On peut dire aussi qu'elle existe dans la mémoire collective des Britanniques. Les vers les plus souvent cités sont les vers 56, 65–66, 70–76, 79–80 et 83. Nous sommes au début de l'acte III. Claudius s'inquiète de savoir ce qu' Hamlet a dans l'esprit. C'est pourquoi il va épier une entrevue entre Hamlet et Ophélie. Le roi sort avec sa suite. Hamlet entre en scène.

Situation de l'extrait n⁰ 31, IV,7,164–190.

Dans une lettre apportée à Claudius, Hamlet lui explique qu'il a été débarqué « tout nu » dans son royaume, et qu'il compte solliciter une entrevue demain, « seul » avec lui. C'est alors que le roi prévoit avec l'accord de Laërte un duel qui devrait être fatal à son neveu. Entre la reine.

O, that this too too solid flesh would melt,
Thaw and resolve itself into a dew!   130
Or that the Everlasting had not fix'd
His canon 'gainst self-slaughter! O God! God!
How weary, stale, flat and unprofitable
Seem to me all the uses of this world!
Fie on't! ah fie! 'tis an unweeded garden,
That grows to seed; things rank and gross in nature
Possess it merely. That it should come to this!
But two months dead! nay, not so much, not two:
So excellent a king; that was, to this,
Hyperion[1] to a satyr: so loving to my mother,   140
That he might not beteem[2] the winds of heaven
Visit her face too roughly. Heaven and earth!
Must I remember? why, she would hang on him,
As if increase of appetite had grown
By what it fed on: and yet, within a month —
Let me not think on[3] 't — Frailty, thy name is
    woman! —
A little month, or ere[4] those shoes were old
With which she follow'd my poor father's body,
Like Niobe[5], all tears: — why she, even she, —
O God! a beast that wants discourse of reason   150
Would have mourn'd longer — married with my uncle,
My father's brother, but no more like my father
Than I to Hercules: within a month;
Ere yet the salt of most unrighteous[6] tears
Had left the flushing in her galled eyes,
She married. O, most wicked speed, to post[7]
With such dexterity to incestuous sheets!

---

1. **Hyperion** : un des Titans, père d'Hélios et de Séléné ; souvent pris par les poètes pour le Soleil lui-même.
2. **to beteem** : (arch.) **to allow** = *permettre* ; suivi ici d'une prop. infinitive avec verbe sans **to** ; incorrect avec **allow** à présent.
3. **to think on** : **of** en anglais moderne (cf. introduction).
4. **or ere** : (conj. renforcée, arch.) **before** (**even**) = *avant* (*même*) *que*.

Hamlet (I,2,129–157)

Ah ! si cette chair bien trop solide pouvait se fondre,
se dissoudre et se résoudre en rosée !
Si l'Éternel n'avait pas formellement
interdit le suicide ! O Dieu ! ô Dieu !
Comme toutes les façons de ce monde me semblent
lassantes, éculées, ternes et stériles !
Fi donc ! fi donc ! c'est un jardin non sarclé
qui monte en graine ; une végétation fétide et grossière
l'envahit tout entier. Dire que c'en est venu là !
Deux mois seulement qu'il est mort ; non, pas même deux.
Un roi si excellent, qui était, à celui-ci,
ce qu'Hypérion est à un satyre ; si tendre pour ma mère
qu'il ne permettait même pas aux vents du ciel
de visiter trop rudement son visage. Ciel et terre !
faut-il m'en souvenir ? Quoi, elle se pendait à lui
comme si son appétit grandissait
en se rassasiant. Pourtant, moins d'un mois après —
cessons d'y penser... Fragilité, ton nom est femme !
Un petit mois, avant même d'avoir usé les souliers
avec lesquels elle suivait le corps de mon pauvre père,
telle Niobé, toute en larmes... Mais oui, elle-même !
O Dieu ! une bête dépourvue de raisonnement
eût gardé le deuil plus longtemps... mariée à mon oncle,
le frère de mon père, mais pas plus semblable à mon père
que moi à Hercule ! A peine un mois !
Avant même que le sel de ses larmes combien impies
eût cessé d'enflammer ses yeux rougis,
elle se mariait ! Oh ! ardeur perverse ! courir
avec une telle promptitude vers des draps incestueux !

---

5. **Niobe** = reine de Thèbes, dont Apollon et Artemis tuèrent les
   quatorze enfants.
6. **unrighteous** = *impie* (parce que la conduite qui suivit les démen-
   tait).
7. **to post** : (arch.) *courir la poste, faire diligence.*

To be, or not to be: that is the question:
Whether 'tis nobler in the mind to suffer
The slings and arrows of outrageous fortune,
Or to take arms against a sea of troubles,
And by opposing end them? To die: to sleep;   60
No more; and by a sleep to say we end
The heart-ache, and the thousand natural shocks
That flesh is heir to, 'tis a consummation[1]
Devoutly to be wish'd. To die, to sleep;
To sleep: perchance to dream; ay, there's the rub[2];
For in that sleep of death what dreams may come,
When we have shuffled off[3] this mortal coil[4],
Must give us pause: there's the respect
That makes calamity of so long life[5];
For who would bear the whips and scorns of time[6],   70
The oppressor's wrong, the proud man's contumely[7],
The pangs of despised love, the law's delay,
The insolence of office[8], and the spurns
That patient merit of the unworthy takes,
When he himself might his quietus[9] make
With a bare bodkin[10]? who would fardels bear,
To grunt and sweat under a weary life,
But that the dread of something after death,
The undiscover'd country from whose bourn
No traveller returns, puzzles the will,   80
And makes us rather bear those ills we have
Than fly to others that we know not of?
Thus conscience[11] does make cowards of us all.

---

1. **consummation** = 1. *consommation* (mariage); 2. **goal** = *but, couronnement, dénouement* ≠ **consumption** = 1. *consommation* (nourriture); 2. *consomption*.
2. **there's the rub** = *voilà le hic* (rub = *frottement, friction*).
3. **to shuffle off** = (v.i.) *s'éloigner en traînant les pieds*; (v.tr.) *rejeter, se dérober* à.
4. (**this mortal**) **coil**: I. **coil** = *rouleau (de corde)*; II. **coil** = 1. **tumult**; 2. **body** = *corps* (enroulé autour de l'âme); d'où deux interprétations : 1. *s'évader du tumulte mortel*; 2. *rejeter cette défroque mortelle*.

Hamlet (III,1,56–83)

Vivre, ou mourir, voilà la question.
Y a-t-il plus de noblesse d'âme à souffrir
les traits dont nous meurtrit l'outrageuse fortune,
ou à prendre les armes contre un océan de tracas
et, en s'y opposant, y mettre fin ? Mourir, dormir,
rien de plus ; et dire que par un sommeil nous mettons fin
au chagrin et aux mille maux naturels
qui sont l'héritage de la chair, c'est là un dénouement
qu'on doit souhaiter avec ferveur. Mourir, dormir ;
dormir, peut-être rêver : oui, voilà le hic ;
car quels rêves peuvent surgir dans ce sommeil de la mort
quand nous aurons rejeté cette défroque mortelle,
cela doit nous arrêter : c'est bien la raison
qui assure au malheur une si longue vie ;
car qui voudrait souffrir un monde frondeur et méprisant,
l'injustice de l'oppresseur, l'indifférence de l'orgueilleux,
les peines de l'amour dédaigné, les lenteurs de la loi,
l'insolence des gens en place, et les rebuffades
que le mérite patient reçoit de gens indignes,
alors qu'il pourrait lui-même s'en libérer
avec un simple poignard ? Qui voudrait porter les fardeaux,
geindre et suer sous le poids de la vie,
n'était-ce que la crainte de quelque chose après la mort,
cette contrée inconnue dont nul voyageur
ne repasse la frontière, trouble la volonté,
et nous fait supporter les maux que nous avons, plutôt
que de voler vers d'autres dont nous ne savons rien ?
Ainsi la réflexion fait de nous tous des lâches.

---

5. **of so long life** = so long lived = *qui vit si longtemps.*
6. **(the whips and scorns of) time** = *le monde temporel.*
7. **contumely** : (littér.) *mépris ; indifférence.*
8. **office** = *bureau ; fonction* ; (ici) **officials** = *fonctionnaires.*
9. **quietus** : [kwai'i : tòs] = *quittance* ; (ici, sens arch.) **settlement of an account** = *règlement d'un compte* (cf. fr. *quitus* ; et *être quitte* (= *libéré*) de (la vie).
10. **a bare bodkin** : (ici) **a mere bodkin** ; **bodkin** = *aiguille à repriser, alêne* ; (ici) **dagger** = *poignard.*
11. **conscience** : (ici) **speculation on the future.**

Queen. One woe doth tread upon another's heel,
So fast they follow: your sister's drown'd, Laertes.
Laer. Drown'd! O, where?
Queen. There is a willow grows[1] aslant a brook,
That shows his hoar leaves[2] in the glassy stream;
There with fantastic garlands did she come
Of crow-flowers, nettles, daisies, and long purples[3]   170
That liberal[4] shepherds give a grosser name,
But our cold maids do dead men's fingers call them:
There, on the pendent boughs her coronet weeds
Clambering to hang, an envious sliver[5] broke;
When down her weedy trophies and herself
Fell in the weeping brook. Her clothes spread wide;
And, mermaid-like, awhile they bore her up:
Which time she chanted snatches of old tunes;
As one incapable[6] of her own distress,
Or like a creature native and indued[7]   180
Unto that element: but long it could not be
Till that her garments, heavy with their drink,
Pull'd the poor wretch from her melodious lay[8]
To muddy death.
Laer. Alas, then, she is drown'd?
Queen. Drown'd, drown'd.
Laer. Too much of water hast thou, poor Ophelia,
And therefore I forbid my tears: but yet
It is our trick; nature her custom holds,
Let shame say what it will: when these are gone,
The woman will be out.   190

---

1. **a willow (that) grows** : omission fréquente du pron. relatif sujet.
2. **his hoar leaves** : allusion au dessous argenté de la feuille de saule;
   cf. **hoar (y)** = *d'un blanc argenté*.
3. **long purples** : terme utilisé à la campagne pour désigner les *or-chis*.

La Reine. Un malheur marche sur les talons d'un autre,
tant ils se suivent de près : Laertes, votre sœur s'est noyée.
Laertes. Noyée ! oh ! où donc ?
La Reine. Il y a un saule qui pousse en travers d'un
   ruisseau,
reflétant ses feuilles argentées dans le miroir du courant.
C'est là qu'elle est venue, portant de fantasques guirlandes
de renoncules, d'orties, de pâquerettes et d'orchis pourpres
que nos bergers rustauds nomment d'un nom grossier,
mais que nos chastes pucelles appellent doigts-de-morts.
Comme elle grimpait aux branches pendantes pour y
   accrocher
sa couronne de fleurs, un rameau jaloux cassa ;
alors ses trophées champêtres, et elle-même,
chutèrent dans le ruisseau en pleurs. Ses vêtements
   s'étalèrent,
et un moment ils la soutinrent telle une sirène,
cependant qu'elle chantonnait des bribes de vieux airs ;
comme insensible à sa détresse,
ou comme une créature née et faite
pour cet élément ; mais cela ne put durer longtemps :
ses vêtements, enfin, lourds de ce qu'ils avaient bu,
entraînèrent la pauvrette, de son chant mélodieux
à une mort fangeuse.
Laertes. Hélas, elle est donc noyée !
La Reine. Noyée, noyée !
Laertes. Tu n'as que trop d'eau, ma pauvre Ophélie ;
je m'interdis donc les larmes : pourtant,
c'est notre manière d'être ; la nature garde ses habitudes,
quoi qu'en dise la honte ; quand elles auront coulé,
le féminin s'en ira.

---

4. **liberal** : (ici) **free-spoken** = *qui a son franc-parler.*
5. **sliver** = *éclat* (de bois) ; (ici) *petite branche.*
6. **incapable** : (ici) **unaware** = *inconscient.*
7. **indued** = **endued** = **endowed** = *doué.*
8. **lay** = *lai* ; (ici) **song**.

Révisions (Extraits 21–25)

1. *La vie en exil est parfois plus douce que celle de la cour.*
2. *Ici nous n'endurons que le châtiment d'Adam.*
3. *L'adversité, tel le crapaud, porte un joyau dans sa tête.*
4. *Le monde est une pièce (de théâtre) dont nous ne sommes que les acteurs.*
5. *L'écolier pleurnichard, avec son visage reluisant du matin.*
6. *La scène finale, c'est la seconde enfance et l'oubli total.*
7. *Elle mourant, on se lamentera, on la plaindra, on l'excusera.*
8. *C'est ce qui se passera pour Claudio.*
9. *Il regrettera de l'avoir ainsi accusée.*
10. *Va me chercher une bouteille de xérès.*
11. *Les marauds m'ont jeté dans la rivière.*
12. *J'ai le ventre glacé comme si j'avais avalé des boules de neige.*
13. *Si l'amour se nourrit de musique, jouez encore.*
14. *A présent cet air ne me semble plus aussi doux qu'auparavant.*
15. *A l'instant même je fus changé en biche.*

1. Life in exile is sometimes sweeter than that of the court.
2. Here we suffer but Adam's penalty.
3. Adversity, like a toad, bears a jewel in its head.
4. The world is a play in which we are but the players.
5. The whining school-boy, with his shining morning face.
6. The final scene is second childhood and mere oblivion.
7. She dying shall be lamented, pitied and excused.
8. So will it fare with Claudio.
9. He'll wish he had not accused her so.
10. Go and fetch me a bottle/quart of sack/sherry.
11. The rogues dropped me into the river.
12. My belly is as cold as if I had swallowed snowballs.
13. If music be the food of love, play on.
14. Now this tune doesn't seem as sweet as before.
15. At that very moment I was turned into a hind.

1. *Qui peut supporter les battements d'une passion aussi violente ?*
2. *Mon amour est affamé comme la mer, et en digère autant.*
3. *Elle a laissé le secret se repaître du damas de ses joues.*
4. *Je viens enterrer César, non faire son éloge.*
5. *Il a ramené à Rome nombre de captifs.*
6. *Votre volonté devrait être faite d'une étoffe plus solide.*
7. *Il faut essayer de ne pas gaspiller votre temps.*
8. *Vous accordez toujours à contrecœur ce que je vous demande.*
9. *A marée basse on peut traverser la baie à pied.*
10. *Le jardinier paresseux laisse toutes les mauvaises herbes monter en graine.*
11. *Elle était en larmes quand il la quitta.*
12. *Je serai de retour d'ici une heure.*
13. *Il ne pouvait supporter l'injustice de l'oppresseur.*
14. *Il avait l'air perplexe quand il trouva le poignard.*
15. *Vous vous demandez si l'on rêve après la mort.*

1. Who can bear/abide the beating of so strong a passion?
2. My love is as hungry as the sea, and can digest as much.
3. She let concealment feed on her damask cheeks.
4. I come to bury Caesar, not to praise him.
5. He brought many captives home to Rome.
6. Your will should be made of sterner stuff.
7. You must try not to waste your time.
8. You always grudge what I ask for.
9. At low tide you can walk across the bay.
10. The lazy gardener lets all the weeds grow to seed.
11. She was in tears when he left her.
12. I'll be back within an hour.
13. He could not bear the oppressor's wrong.
14. He looked puzzled when he found the dagger.
15. You wonder whether we dream after death.

Troilus and Cressida
Troïlus et Cressida

Située sur un fond assez statique (pendant les actes I à IV) de la guerre de Troie, donc inspirée de l'*Iliade*, cette tragi-comédie déconcertante, qui figure dans les tragédies, dans laquelle l'humour caustique et la satire politique et sentimentale se donnent libre cours, où le grotesque côtoie le drame (cf. les personnages de Pandare l'entremetteur et du bouffon Thersite, sans oublier les chefs grecs), fut écrite en **1601–1602**, et publiée en 1609 (deux in-quartos portant le nom de Shakespeare). Elle inaugure la période pessimiste du Stratfordien (1601–1609), dans laquelle figurent les œuvres qui ont fait sa célébrité.

L'histoire de Troïlus et de Cressida a pour origine *le Roman de Troie* de Benoît de Sainte-Maure (v. 1160). Depuis lors, cette histoire a fait l'objet de nombreuses moutures, de Guido delle Colonne à Dryden, en passant par le *Troylus and Cryseyde* de Chaucer (1382), dont Shakespeare pouvait disposer. Tous ces auteurs ont peaufiné le personnage de Briseida, devenue Griseida, puis Cryseyde, et enfin Cressida, chacun selon son génie propre.

Tous les personnages d'Homère défilent devant nous : les Troyens Priam, ses fils Hector, Pâris, etc. (auxquels s'ajoute Troïlus), les chefs troyens Enée et Anténor, Calchas, prêtre troyen passé aux Grecs, Pandare l'entremetteur, et Cressida, signalée comme la fille de Calchas et la nièce de Pandare ; les Grecs Agamemnon, Ménélas, Achille, Ajax, Ulysse, Diomède, etc., Thersite le bouffon, Hélène, femme de Ménélas, Andromaque, femme d'Hector, et Cassandre, fille de Priam et prophétesse. Seuls Ulysse et Hector trouvent grâce devant l'auteur, dont la sympathie pour la cause troyenne est évidente.

L'intrigue sentimentale de *Troïlus et Cressida* tient « dans une coquille de noix » ! Le Troyen Troïlus, fils de Priam, aime la Grecque Cressida, fille de Calchas ; mais bientôt Cressida, emmenée chez les Grecs en échange d'un prisonnier troyen, va préférer au modeste Troïlus le héros Diomède. Troïlus mourra de chagrin dans la guerre où Troie va s'écrouler.

A la lecture de la pièce, on est ému par l'ardeur ingénue de Troïlus (qui ira jusqu'à s'imaginer qu'il y a deux Cressida !) ; on note la sagesse, la diplomatie d'Ulysse qui domine la pièce ; enfin on est frappé par « l'âme de catin » et la prude coquetterie de Cressida, son art de se faire désirer, qu'elle montre notamment dans la scène 2 de l'acte V.

Situation de l'extrait nº 32, III,2,143–170.

Il est difficile de trouver, dans les dialogues de la pièce, des passages susceptibles d'être pris comme extraits, et des vers à citer (même dans V,2).

La seule tirade comportant de longs passages souvent cités est celle d'Ulysse, III,3,145–190.

J'ai préféré choisir un extrait de III,2, scène qui se passe dans le verger de Pandare, entre celui-ci, Troïlus et Cressida. Il éclaire certaines facettes des protagonistes.

Troi. What offends you, lady?
Cress. Sir, mine own company.
Troi. You cannot shun yourself.
Cress. Let me go and try.
I have a kind of self¹ resides with you,
But an unkind self that itself will leave
To be another's fool². I would be gone.
Where is my wit? I know not what I speak.   150
Troi. Well know they what they speak that speak so
   wisely.
Cress. Perchance, my lord, I show more craft than love,
And fell³ so roundly to a large confession
To angle⁴ for your thoughts; but you are wise,
Or else⁵ you love not: for to be wise and love
Exceeds man's might; that dwells with gods above.
Troi. O that I thought⁶ it could be in a woman·—
As, if it can, I will presume in you —
To feed for aye⁷ her lamp and flame of love;
To keep her constancy in plight⁸ and youth,   160
Outliving beauties outward, with a mind
That doth renew swifter than blood decays!
Or that persuasion could but thus convince me
That my integrity⁹ and truth to you
Might be affronted with the match¹⁰ and weight
Of such a winnowed¹¹ purity in love —
How were I then uplifted! But, alas,
I am as true as truth's simplicity¹²,
And simpler than the infancy of truth!
Cress. In that I'll war with you.   170

---

1. **a kind of self (that) resides** : relatif sujet omis.
2. **fool** : (ici) **toy** = *jouet*.
3. **to fall to** = **to yield to** = *céder à*.
4. **to angle** = *pêcher* (à la ligne).
5. **or else** : litt. *ou autrement*.
6. **that I thought** = **if I could think**.

Troïlus et Cressida (III,2,143–170)

Troï. Qu'est-ce qui vous offense, Madame ?

Cress. Messire, ma propre compagnie.

Troï. Vous ne pouvez pas vous fuir vous-même.

Cress. Laissez-moi partir pour essayer.
J'ai une sorte de moi qui demeure avec vous ;
mais aussi un méchant moi qui se veut fuir
pour être dupe d'un autre. Je voudrais être partie.
Où ai-je l'esprit ? Je ne sais plus ce que je dis.

Troï. On sait bien ce qu'on dit quand on parle aussi
  sagement.

Cress. Monseigneur, peut-être ai-je montré plus de ruse
  que d'amour,
et n'ai-je cédé si franchement à un grand aveu
que pour sonder vos pensées ; mais vous êtes sage,
ou aussi bien vous n'aimez pas ; car être sage et aimer,
cela dépasse le pouvoir de l'homme ; cela réside chez les
  dieux là-haut.

Troï. Ah ! si je pensais qu'il fût possible pour une femme —
et, dans ce cas, je présume que ce l'est pour vous —
d'entretenir à jamais le flambeau, la flamme de son amour,
de conserver à sa foi force et jeunesse
qui survivent à la beauté extérieure, avec une âme
qui se renouvelle plus vite que le sang ne vieillit !
ou si la persuasion pouvait seulement me convaincre
que ma fidélité, ma loyauté envers vous
trouveraient en face d'elles une égale mesure
d'une telle pureté d'amour raffiné,
comme je serais alors exalté ! Mais, hélas !
je suis aussi loyal que la loyauté ingénue,
et plus ingénu que n'est la loyauté de l'enfant.

Cress. En cela je serai votre rivale.

---

7. **for aye** = **for ever**.
8. **plight** = **state** = *état* (angl. mod. *état critique*).
9. **integrity** : (ici) **loyalty**.
10. **match** = **equal** = *égal* (subst.).
11. **to winnow** = *vanner* ; (ici) *raffiner* (fig.).
12. **simple** = *simple* ; *ingénu*.

All's Well that Ends Well
Tout est bien qui finit bien

Comédie écrite vers **1602**. Un seul texte, médiocre, dans l'in-folio de 1623. Le sujet est tiré du *Decameron* de Boccace. L'auteur disposait de la traduction de W. Painter (1566). La scène se passe en Roussillon, à la cour de Paris, à Florence et à Marseille.

Deux protagonistes : Bertram (Bertrand), comte de Roussillon ; Helena (Hélène), fille d'un médecin célèbre, décédé ; élevée par la comtesse de Roussillon, mère de Bertrand de qui elle est éprise.

Bertrand est appelé à Paris par le roi de France. Le roi souffre d'une fistule, maladie réputée incurable à l'époque. Hélène utilise une recette magique de son père, fabrique le remède, monte à Paris, guérit le roi. A titre de récompense, le souverain lui permet de choisir un mari : Hélène désigne Bertrand qui accepte à contre-cœur. Mais il profite de l'occasion de servir le duc de Florence. Il écrit à Hélène : « Quand tu m'auras ôté du doigt l'anneau qui jamais ne le quitte, quand tu me montreras un enfant né de tes entrailles, et dont je serai le père, alors appelle-moi ton mari ; mais cet "alors", je le nomme "jamais" (III,2,56–60).

Par une heureuse coïncidence, Hélène, partie en pèlerinage, passe par Florence où elle trouve Bertrand courtisant Diane, la fille de son hôtesse, à qui elle révèle sa situation. Selon un procédé cher à l'auteur, Hélène remplace Diane lors d'une entrevue à minuit avec Bertrand (à qui l'on a annoncé la mort d'Hélène). Il lui offre son anneau ; en échange elle lui donne celui qu'elle a reçu du roi.

Il se trouve que Bertrand revient chez sa mère, alors que celle-ci reçoit la visite du roi. Ce dernier aperçoit au doigt de Bertrand l'anneau donné à Hélène : il exige des explications. Alors Hélène se présente et déclare que les conditions exigées par Bertrand ont été remplies. Bertrand, pris de remords, l'accepte pour épouse.

Comédie éreintée, à tort, me semble-t-il, par la critique.

Situation de l'extrait nº 33, I,1,78–104.

L'extrait se situe au début de l'acte I. La comtesse de Roussillon s'efforce de consoler Hélène de la mort de son père, le célèbre médecin Gérard de Narbonne. Le roi de France Charles V a mandé Bertrand à sa cour. Avant son départ, sa mère lui donne quelques conseils sur la conduite à tenir. Bertrand demande à Hélène de consoler sa mère ; un vieux seigneur invite Hélène à soutenir le renom de son illustre père. Sortent Bertrand et le seigneur. Hélène répond.

O, were that all! I think not on my father,
And these great tears grace his remembrance[1] more
Than those I shed for him[2]. What was he like?   80
I have forgot him. My imagination
Carries no favour[3] in't but Bertram's.
I am undone: there is no living, none,
If Bertram be away. 'Twere all one[4]
That I should love a bright particular star
And think to wed it, he is so above me.
In his bright radiance and collateral[5] light
Must I be comforted, not in his sphere.
Th'ambition in my love thus plagues itself:
The hind that would be mated by the lion   90
Must die for love. 'Twas pretty, though a plague,
To see him every hour, to sit and draw
His archèd brows, his hawking[6] eye, his curls,
In our heart's table[7] — heart too capable[8]
Of every line and trick[9] of his sweet favour.
But now he's gone, and my idolatrous fancy[10]
Must sanctify his relics. Who comes here? (*Enter
   Parolles*)
One that goes with him. I love him for his sake,
And yet I know him a notorious liar,
Think him a great way fool, solely a coward[11],   400
Yet these fixed evils sit so fit[12] in him
That they take place[13] when virtue's steely bones
Looks bleak i'th'cold wind. Withal[14], full oft we see
Cold wisdom waiting on superfluous folly.

---

1. **his remembrance** = *le souvenir de Bertrand* (?).
2. **I shed for him** = (que) *j'ai versées pour mon père* (?).
3. **favour** : (ici) **face**.
4. **(twere) all one** = **the same** (cf. **it's all one to me** = *ça m'est
   égal*).
5. **collateral** : (ici) **parallel** (orbites parallèles, donc différentes).
6. **hawking** = **hawk-like** = *pareil à un faucon*.
7. **table** : (ici) *planche à dessin*.

Tout est bien qui finit bien (I,1,78–104)

Oh ! s'il ne s'agissait que de cela ! Je ne pense point à mon
   père ;
ces grosses larmes saluent le souvenir de Bertrand, plus
que celles versées pour mon père. A quoi ressemblait-il ?
Je l'ai oublié. Mon imagination
ne porte en elle d'autre visage que celui de Bertrand.
Je suis perdue. Il n'y a plus de vie possible,
si Bertrand est loin de moi. Autant vaudrait
pour moi aimer spécialement une brillante étoile,
et songer à l'épouser, tant il est au-dessus de moi.
C'est dans son brillant éclat et dans son rayonnement
que je dois puiser mon réconfort, non dans sa sphère.
L'ambition, dans mon amour, est ainsi mon tourment.
La biche qui voudrait avoir le lion pour compagnon
doit mourir d'amour. Il était beau, ce tourment,
de le voir à toute heure, de rester à dessiner
ses sourcils arqués, son œil de faucon, ses boucles,
sur le tableau de notre cœur, un cœur trop sensible
à chaque ligne, à chaque trait de son doux visage.
Maintenant, il est parti, et ma passion idolâtre
n'a plus que des reliques à vénérer... Qui vient là ?
(*Entre Parolles.*)
C'est quelqu'un de sa suite. Je l'aime à cause de lui ;
pourtant je le connais pour un fieffé menteur ;
je le tiens pour un grand sot et pour un couard achevé ;
mais ces défauts invétérés lui vont si bien
qu'ils s'imposent, alors que la vertu aux os d'acier
paraît glacée par la bise. En outre nous voyons souvent
la froide sagesse au service de la fastueuse sottise.

---

8. **capable of** : (ici) **susceptible to** = *sensible à.*
9. **trick (of his favour)** = **expression**.
10. **fancy** : (ici) **love**.
11. **a great way fool, solely a coward** = **largely a fool and wholly
    a coward** = *grandement sot et totalement couard.*
12. **sit so fit** : (ici) **suit him so well** = *lui conviennent si bien.*
13. **take place** : (ici) **take precedence** = *s'imposent.*
14. **withal** = **besides**.

Measure for Measure
Mesure pour mesure

Comédie écrite probablement en **1604**, jouée la même année, publiée dans l'in-folio de 1623. Elle passe pour être obscène (à cause du réalisme de certaines expressions et situations), mais est chargée de réminiscences bibliques (Matt. 7, 2).

La scène se passe à Vienne. L'intrigue est tirée d'un recueil de Cinthio (1565) traduit par Whetstone. Prétextant un voyage en Pologne, mais voulant surtout prendre ses distances envers un pays livré à la licence, Vincentio, duc de Vienne, délègue ses pouvoirs au lieutenant-gouverneur Angelo, lequel fait démolir les maisons closes, et condamne à mort Claudio, gentilhomme qui a engrossé sa fiancée avant le mariage. Ce dernier demande à sa sœur Isabelle, postulante chez les Clarisses, d'intervenir auprès d'Angelo. Celui-ci, séduit par la beauté d'Isabelle, lui propose de pécher par charité, afin de sauver son frère ; elle refuse, indignée. Angelo maintient la condamnation. Au début de l'acte III, Isabelle met son frère au courant de la situation. Claudio, d'abord prêt à mourir, demande ensuite à sa sœur de se sacrifier. Nous verrons la réponse. Mais le duc, qui n'a pas quitté Vienne, intervient déguisé en moine. Il suggère à Isabelle d'accepter un rendez-vous à minuit ; mais Marianne, qui aime Angelo dont elle a été la fiancée éconduite, prendra sa place. La ruse réussit ; mais Angelo maintient l'exécution. Alors le duc fait mine de revenir à Vienne inopinément ; il entend les plaignants, démasque le gouverneur, lui impose d'épouser Marianne, et révèle son amour pour Isabelle.

La scène se passe dans la prison. Le duc déguisé en moine s'efforce de préparer Claudio à la mort, en lui montrant que la vie n'est qu'illusion. Entre Isabelle. Le duc sort, mais se cache pour entendre la conversation. Isabelle essaie de persuader son frère qu'il doit mourir, en lui expliquant que sa vie serait impossible s'il la devait au sacrifice de sa sœur et à la clémence diabolique d'Angelo.

Angelo (John Gielgud) dans *Mesure pour Mesure*

Clau. Death is a fearful thing.

Isab. And shamèd life a hateful.   120

Clau. Ay, but to die, and go we know not where,
To lie in cold obstruction[1] and to rot;
This sensible warm motion to become
A kneaded clod; and the delighted[2] spirit
To bathe in fiery floods, or to reside
In thrilling[3] region of thick-ribbed[4] ice,
To be imprisoned in the viewless winds
And blown with restless violence round about
The pendent world; or to be worse than worst
Of those that lawless and incertain thought   130
Imagine howling, 'tis too horrible.
The weariest and most loathèd wordly life
That age, ache, penury and imprisonment
Can lay on nature is a paradise
To what we fear of death.

Isab. Alas, alas.

Clau. Sweet sister, let me live.
What sin you do to save a brother's life,
Nature dispenses[5] with the deed so far
That it becomes a virtue.

Isab. O you beast!
O faithless coward! O dishonest wretch!   140
Wilt thou be made a man out of[6] my vice?
Is't not a kind of incest to take life
From thine own sister's shame? What should I think?
Heaven shield my mother played my father fair[7],
For such a warpèd[8] slip[9] of wilderness[10]
Ne'er issued from his blood. Take my defiance.

---

1. **cold obstruction** = **rigor mortis**.
2. **delighted** = *ravi* ; (ici) **capable of delight**.
3. **to thrill** : *donner le frisson* ; **thrilling** : (ici) **piercing** = *glacial*.
4. **thick-ribbed** = **with thick ribs** = litt. *aux côtes épaisses*.
5. **to dispense with** : (ici) **to arrange with** : *s'arranger de*.
6. **out of** = *hors de* ; (ici) **at the expense of** = *au prix de*.
7. **Heaven... fair** : **to shield** = *protéger* (**a shield** = *un bouclier*) ; **to**

Mesure pour mesure (III,1,119–146)

Clau. La mort est une chose affreuse.

Isab. Et une vie honteuse est odieuse.

Clau. Oui, mais mourir, aller on ne sait où,
être couché dans l'immobilité glacée, et pourrir ;
que ce mouvement chaud et sensible devienne
une motte pétrie ; que l'esprit capable de joie
baigne dans des flots de feu, ou réside
dans la région gelée de la glace aux membrures épaisses ;
être emprisonné dans les vents invisibles,
et emporté avec une violence implacable tout autour
de ce monde flottant ; ou être le dernier des derniers
de ceux que la pensée sans foi ni loi
imagine hurlants, c'est trop horrible.
La vie la plus épuisante et détestable en ce monde,
que l'âge, la maladie, la misère et la prison
peuvent imposer à la nature, est un paradis
à côté de ce que nous craignons de la mort.

Isab. Hélas ! hélas !

Clau. Sœur chérie, laisse-moi vivre.
Le péché que tu commets pour sauver la vie d'un frère,
la nature s'arrange de l'acte au point
qu'il en devient une vertu.

Isab. Monstre !
Pleutre déloyal ! misérable malhonnête !
Tu veux donc rester un homme au prix de mon péché ?
N'est-ce pas une sorte d'inceste que de devoir la vie
à la honte de ta propre sœur ? Que faut-il penser ?
Le ciel protège ma mère d'avoir jamais trompé mon père,
car du sang de mon père un rejeton aussi sauvage et
   perverti
n'est jamais sorti ! Sache que je te renie !

---

play fair = *jouer franc jeu* ; peut-être fusion de deux expressions : 1. (**let**) **heaven shield my mother !** = (*que*) *le ciel protège ma mère !* ; 2. (**let**) **heaven grant that**... = *le ciel veuille que*... ; traduit le trouble d'Isabelle.

8. **to warp** = *gauchir* (ici sens fig.).
9. **slip** = *dérapage* ; *erreur* ; (ici) **cutting**, **scion** = *bouture* ; *rejeton*.
10. **wilderness** : (ici) **wildness** = *aspect sauvage*.

Othello

Ce chef-d'œuvre dramatique et pathétique date de **1604**. L'auteur suit d'assez près un conte italien de Giraldo Cinthio (1565), auquel il emprunte le nom de Desdémone, les noms des autres personnages étant inventés. Shakespeare ajoute son génie, notamment pour décrire ce qu'on pourrait appeler le complot de Iago. La première représentation fut donnée à la cour de Whitehall, le 1er novembre 1604, par les Serviteurs du Roi (la troupe de Shakespeare). Nous partons de deux textes : un in-quarto de 1622, qui reprend sans doute, en l'élaguant, une version antérieure (la loi de 1606 supprima les jurons), et le in-folio de 1623, dont le texte, corrigé et mis au point, compte 163 vers ou lignes de plus que le précédent.

Brabantio, riche sénateur de Venise, a une fille Desdémone, très pure, qui refuse tous les courtisans ; mais impressionnée par le récit qu'Othello fait de ses aventures, elle s'éprend du général More à la peau noire. Elle accepte même de l'épouser secrètement. Brabantio, prévenu, exige des explications auxquelles Othello, puis Desdémone, se soumettent devant le Conseil, au moment même où l'on annonce que les Turcs vont attaquer Chypre.

Othello part pour Chypre, ayant confié son épouse à son enseigne Iago, lequel ne lui pardonne pas d'avoir élevé au grade de lieutenant Cassio, moins ancien que lui. Bientôt tout le monde se retrouve à Chypre, dont Othello est fait gouverneur, alors que la flotte turque est détruite par une tempête.

Iago va se venger. Il enivre Cassio, qui n'a pas l'habitude de boire, et déclenche une émeute lorsque Cassio, voulant rosser un gentilhomme, blesse l'ancien gouverneur qui s'interposait. Survient Othello, qui interroge Iago et destitue Cassio. Malgré tout, Iago pousse Cassio à demander à Desdémone d'intervenir en sa faveur auprès d'Othello, ce qu'elle fait avec insistance, alors que

Iago laisse entendre à Othello que Cassio et Desdémone sont peut-être épris l'un de l'autre. Othello enrage ; mais il veut une preuve tangible.

Iago va la lui fournir. C'est l'épisode du mouchoir perdu par Desdémone, ramassé par sa suivante Émilia, femme de Iago ; celui-ci s'empare du mouchoir et, passé maître dans l'art d'insinuer, il laisse entendre à Othello qu'il a vu Cassio se servir d'un mouchoir semblable. Désormais Othello ne peut plus trouver le repos. Il réclame à Desdémone le premier cadeau qu'il lui a fait, le mouchoir magique qu'une Égyptienne avait donné à sa mère : elle avoue l'avoir perdu. C'en est trop. Othello s'en va furieux. Desdémone ne comprend pas ses soupçons. Alors qu'elle se repose, Othello revient, l'embrasse, pleure, puis dénonce Cassio et étouffe Desdémone avec les couvertures du lit.

Mais Iago va trop loin : il charge l'une de ses créatures d'assassiner Cassio, lequel, seulement blessé, montre des papiers qui accusent Iago et l'innocentent lui-même. Othello, frappé d'apprendre aussi l'innocence de Desdémone, se poignarde et expire sur le corps de sa victime. Cette mort déclenche l'hostilité générale contre Iago. Le successeur d'Othello ordonne que le traître soit torturé et exécuté.

Situation de l'extrait n° 35, I,3,128–130, 134–146, 156–169.

Le Doge de Venise siège dans la salle du Conseil. Alors même qu'on annonce que la flotte turque cingle vers Chypre, comparaît Othello qui confirme son amour partagé pour Desdémone.

Situation de l'extrait n° 36, III,3,331–359.

Iago s'est emparé du mouchoir perdu par Desdémone et ramassé par Emilia, sous le prétexte d'en relever le motif. Il se réjouit en pensant à ce qui va suivre, et en constatant que son « poison commence déjà à opérer ».

Othello. Her father loved me, oft invited me,
Still questioned me the story of my life
From year to year — the battles, sieges, fortunes. ...   130
Wherein[1] I spake[2] of most disastrous chances,
Of moving accidents by flood and field,
Of hair-breadth scapes[3] i'th'imminent deadly breach,
Of being taken by the insolent foe,
And sold to slavery; of my redemption[4] thence,
And portance[5] in my travels' history:
Wherein of antres vast and deserts idle,   140
Rough quarries[6], rocks, and hills whose heads touch
   heaven,
It was my hint[7] to speak — such was the process;[8]
And of the Cannibals that each other eat,
The Anthropophagi, and men whose heads
Do grow beneath their shoulders. This to hear
Would Desdemona seriously incline. ...
And often did beguile[9] her of her tears
When I did speak of some distressful stroke
That my youth suffered. My story being done,
She gave me for my pains a world of sighs:
She swore, in faith 'twas strange, 'twas passing[10] strange; 160
'Twas pitiful, 'twas wondrous[11] pitiful;
She wished she had not heard it, yet she wished
That heaven had made her such a man; she thanked me,
And bade me, if I had a friend that loved her,
I should but teach him how to tell my story,
And that would woo her. Upon this hint I spake;
She loved me for the dangers I had passed,
And I loved her that she did pity them.
This only is the witchcraft I have used.

---

1. **wherein = in which**.
2. **spake** : (arch. pour) **spoke**.
3. **to have a hair-breadth scape** : litt. = *échapper de la largeur d'un cheveu = l'échapper belle* ; **scape**, pour **escape**.
4. **redemption** : cf. **to redeem** = *racheter*.
5. **portance** : (arch.) **behaviour** = *conduite*.
6. **quarry** : *carrière* ; (ici) **precipice** ▲ = *à-pic*.

Othello (I,3,128–130, 134–146 et 156–169)

Othello. Son père m'aimait ; il m'invitait souvent,
insistait pour que je conte l'histoire de ma vie,
année par année, les batailles, les sièges, les fortunes.

...

Ce faisant, je parlai des plus désastreux hasards,
d'aventures émouvantes sur terre et sur mer,
de morts imminentes esquivées d'un cheveu sur la brèche
    fatale
de ma capture par l'ennemi insolent,
de ma vente comme esclave ; de mon rachat de là
et de ma conduite dans l'histoire de mes voyages ;
là, d'antres vastes et de déserts arides,
d'à-pics dentelés, de rocs, de montagnes qui touchent le ciel
j'avais sujet de parler ; ainsi je poursuivais ;
des cannibales qui s'entre-dévorent,
des anthropophages et des hommes dont la tête
pousse plus bas que les épaules. A écouter ceci
Desdémone était sérieusement encline.

...

Souvent (je) lui arrachai des larmes
quand je lui parlais de quelque mauvais coup du sort
que subit ma jeunesse. Mon histoire finie,
elle me donna pour ma peine un monde de soupirs ;
elle jura qu'en vérité c'était étrange, plus qu'étrange ;
que c'était touchant, merveilleusement touchant ;
elle eût voulu ne pas l'entendre, tout en voulant
que le ciel lui eût fait un tel homme. Elle me remercia,
et me dit que, si j'avais un ami qui l'aimât,
je lui apprisse seulement à conter mon histoire,
et qu'elle en serait conquise. Sur cette invitation, je parlai :
elle m'aima pour les dangers que j'avais courus,
et je l'aimai à sa façon de s'apitoyer sur eux.
Voilà toute la sorcellerie dont j'ai usé.

---

7. **hint** = *insinuation* ; (ici) **opportunity** ; au vers 166 = **suggestion**.
8. **process** = *processus* ; (ici) **proceeding (to proceed** = *avancer*, *continuer*).
9. le sujet de **beguile** est **I** exprimé au vers précédent ; **to beguile** = *tromper* ; (ici) **to rob** = *dérober*.
10. **passing** : (sens arch.) **exceedingly** = *excessivement*.
11. **wondrous** : (littér.) pour **wondrously** = **wonderfully** = *merveilleusement*.

Iago. (*Re-enter Othello*) I did say so:
Look where he comes! Not poppy, nor mandragora,
Nor all the drowsy syrups of the world,
Shall ever medicine[1] thee to that sweet sleep
Which thou owedst[2] yesterday.
Othe. Ha! Ha! false to me?
Iago. Why, how now, general! no more of that.
Othe. Avaunt[3]! be gone! thou hast set me on the rack[4]:
I swear 'tis better to be much abused
Than but to know't a little.
Iago. How now, my lord!
Othe. What sense[5] had I of her stolen hours of lust?   340
I saw't not, thought it not, it harmed not me:
I slept the next night well, fed well, was merry;
I found not Cassio's kisses on her lips.
He that is robbed, not wanting what is stolen,
Let him not know't, and he's not robbed at all.
Iago. I am sorry to hear this.
Othe. I had been happy[6], if the general camp,
Pioneers and all, had tasted her sweet body,
So[7] I had nothing known. O, now for ever
Farewell the tranquil mind! farewell content!   350
Farewell the plumed troops, and the big wars
That make ambition virtue — O, farewell!
Farewell the neighing steed and the shrill trump[8],
The spirit-stirring[9] drum, th'ear-piercing fife,
The royal banner, and all quality,
Pride, pomp, and circumstance[10], of glorious war!
And, O you mortal engines, whose rude throats
Th'immortal Jove's dread[11] clamours counterfeit,
Farewell! Othello's occupation's gone!

---

1. **to medicine** = **to treat medically** ; (ici) **to restore to** = *redonner*.
2. **to owe** = *devoir* (argent, etc.) ; (arch.) **to own** = *posséder*.
3. **avaunt** : (vx fr. *avant*) **begone** / **be gone** = *hors d'ici ! va-t'en !*
4. **rack** = *supplice* (chevalet, roue).
5. **sense** : (ici) **perception**.
6. **I had been happy** : (pour) **I should/would have been happy**.

Iago. (*Rentre Othello*.) Je l'avais bien dit :
Tenez, le voici. Ni pavot, ni mandragore,
ni tous les sirops somnifères du monde
ne t'apporteront jamais ce doux sommeil
dont tu jouissais hier.
Othe. Ah ! ah ! elle me trompe ?
Iago. Eh bien, quoi, mon général ! n'y pensez plus.
Othe. Arrière ! va-t'en ! tu m'as mis sur la roue !
Mieux vaut, je le jure, être beaucoup trompé
que de ne le savoir qu'un peu.
Iago. Voyons, monseigneur !
Othe. Quelle idée avais-je des heures de luxure qu'elle me
    volait ?
Je ne le voyais pas, n'y pensais pas, n'en souffrais pas.
Je dormais bien la nuit suivante ; repu, j'étais gai ;
je ne trouvais pas sur ses lèvres les baisers de Cassio.
Que celui qui est volé n'ait nul besoin de ce qui est volé,
qu'il n'en sache rien, il n'est pas volé du tout.
Iago. Je suis navré d'entendre cela.
Othe. J'aurais été heureux, quand le camp tout entier,
sapeurs et autres, aurait goûté son corps charmant,
si je n'en avais rien su. Oh ! désormais
adieu l'esprit tranquille ! adieu la satisfaction !
adieu les troupes empanachées, et les grandes guerres
qui font de l'ambition une vertu ! oh ! adieu !
adieu le coursier hennissant, la trompette stridente,
le tambour qui entraîne et le fifre qui assourdit,
la bannière royale, et tout l'éclat,
l'orgueil, la pompe, le cérémonial de la guerre glorieuse !
Et vous, mortels engins, dont les gorges rauques
contrefont le vacarme effroyable de l'immortel Jupiter,
adieu ! La tâche d'Othello est finie !

---

7. **so (I had)** = **if only** = *du moment que.*
8. **trump** : (arch. poét.) **trumpet**.
9. **spirit-stirring** : litt. *qui remue/agite l'esprit.*
10. **circumstance** : (ici) **ceremony**.
11. **dread** : (pour) **dreadful** = *terrifiant ; affreux.*
11. **dread** : (pour) **dreadful** = *terrifiant ; affreux.*

King Lear
Le Roi Lear

Ce drame dense, à double intrigue, a été écrit en **1605/1606**. Il a été représenté à Whitehall le 26 décembre 1606. On dispose de deux in-quartos incomplets de 1608 et du texte du in-folio de 1623 (version de théâtre). Le texte moderne a été établi à partir du premier in-quarto et du in-folio.

La légende du roi Lear, d'origine celtique, était populaire au temps de Shakespeare. Le dramaturge a trouvé des documents, notamment dans l'*Historia Britonum* de Geoffrey of Monmouth (v. 1135) et dans *The Chronicle of England* de Ralph Holinshed (1577).

Le vieux Lear (quatre-vingts ans) veut partager son royaume de Grande-Bretagne entre ses trois filles, Gonéril, épouse du duc d'Albany, Régane, épouse du duc de Cornouailles, et Cordélie, que courtisent le roi de France et le duc de Bourgogne, en fonction de l'affection qu'elles lui portent. Gonéril et Régane font assaut de zèle ; Cordélie dit simplement qu'elle éprouve pour son père l'affection qui lui est due. Lear s'emporte, dit à Cordélie que sa franchise lui servira de dot, et partage le territoire qui lui était destiné entre les deux autres sœurs. Le comte de Kent, qui voulait s'interposer, est banni. Le roi de France accepte de prendre Cordélie sans dot. Lear précise qu'il séjournera alternativement chez l'une et chez l'autre de ses filles aînées, pendant un mois, avec une suite de cent chevaliers. Gonéril réduit bientôt l'escorte à cinquante, Régane à vingt-cinq ; elles finissent par chasser leur père qui erre seul en pleine tempête.

L'intrigue secondaire, qui met en scène Gloster (le comte de Gloucester), son fils légitime Edgar et son bâtard Edmond, est habilement mêlée à l'intrigue principale. Edmond, arriviste sans scrupules, monte de toutes pièces un prétendu complot contre son père et contre lui-même, dont l'auteur serait son frère Edgar, lequel est banni. Comme Kent, Edgar reste sur place, déguisé, afin d'agir sans être reconnu. Puis Edmond fait savoir à Cornouailles que son père (Gloster) l'a trahi en s'alliant au roi de France qui s'apprête à débarquer, et en aidant Lear à s'échapper. Or, Gloster reçoit Gonéril, Régane et leurs époux dans son château. Les filles de Lear lui arrachent les yeux, avant de le jeter dehors. Au cours de la scène, Cornouailles est blessé par un laquais qui s'interposait.

L'atmosphère particulièrement lourde de la tragédie est quelque peu détendue par la présence d'un Fou qui, tout en plaisantant, dit à chacun son fait.

Cornouailles meurt. Gonéril et Régane s'éprennent d'Edmond. Seul Albany reste lucide. Pendant ce temps, Kent et Edgar guident Lear, tout enguirlandé de fleurs, et Gloster, candidat au suicide, vers Douvres, alors que la tempête redouble. Le cœur de Gloster cède à l'émotion, lorsqu'Edgar se fait connaître.

A peine débarqué, avec Cordélie, le roi de France doit repartir. La bataille a lieu sans lui. Edmond, qui conduit les forces de Régane, arrive en vainqueur. Sur son ordre Lear et Cordélie sont conduits en prison, où Cordélie est pendue. Lear se présente, tenant le corps de sa fille dans ses bras. Puis il s'effondre, le cœur brisé. Entre-temps, Edgar provoque Edmond qui tombe. Gonéril se poignarde après avoir empoisonné sa sœur. Seuls restent Albany, Edgar, et Kent (trop vieux), pour gérer le royaume.

La folie de Lear fait problème. Il est partagé entre la fureur contre Gonéril et Régane, et le remords de sa cruauté envers Cordélie et Kent. Il pense sans doute, comme Gloster : « Telles les mouches aux mains d'enfants espiègles, tels nous sommes aux mains des dieux : ils nous tuent pour s'amuser » (IV,1,36–7). Il gardera longtemps sa faculté de juger ; comme dit Edgar : « Oh ! ce mélange de bon sens et de délire, de raison et de folie » (IV,6,180). Le vieillard de quatre-vingts ans mourra de chagrin et d'épuisement. La folie de Lear est une folie du cœur, plus qu'une folie de l'âme.

Situation de l'extrait nº 37, III,4,6–36.

Lear, Kent et le Fou sont sur la lande de bruyère. Ils trouvent une cabane où s'abriter de la tempête. Le passage nous éclaire sur la folie de Lear. Lear s'adresse à Kent.

Situation de l'extrait nº 38, V,3,8–35.

Lear s'adresse à Cordélie, au début de cette longue dernière scène. Edmond les fait conduire en prison. Le passage éclaire d'autres facettes de la personnalité de Lear.

Lear. Thou think'st 'tis much that this contentious storm
Invades us to the skin: so 'tis to thee;
But where the greater malady is fix'd,
The lesser[1] is scarce felt. Thou'dst shun a bear;
But if thy flight lay toward the roaring sea,   10
Thou'dst meet the bear i' the mouth[2]. When the mind's free
The body's delicate; the tempest in my mind
Doth from my senses take all feeling else
Save what beats there. Filial ingratitude!
Is it not as this mouth should tear this hand
For lifting food to 't? But I will punish home[3]:
No, I will weep no more. In such a night
To shut me out[4]! Pour on[5]; I will endure.
In such a night as this! O Regan, Goneril!
Your old kind father, whose frank heart gave all, —   20
O! that way madness lies; let me shun that;
No more of that.
Kent. Good my lord, enter here.
Lear. Prithee, go in thyself; seek thine own ease:
This tempest will not give me leave to ponder
On things would hurt me more. But I'll go in.
(*To the Fool.*) In, boy; go first. You houseless poverty[6], —
Nay[7], get thee in. I'll pray, and then I'll sleep. (*Fool goes in.*)
Poor naked wretches, wheresoe'er you are,
That bide[8] the pelting[9] of this pitiless storm,   30
Your loop'd[10] and window'd raggedness, defend you
From seasons such as these? O! I have ta'en
Too little care of this. Take physic, pomp;
Expose thyself to feel what wretches feel,
That thou mayst shake the superflux to them,
And show the heavens more just.

---

1. **lesser** : (double comparatif) **minor** = *moindre* (que l'autre).
2. **thou'dst meet the bear i' the mouth** : litt. *tu affronterais l'ours dans la gueule.*
3. **home** : (ici adv.) **to the point aimed at** = *à l'endroit visé.*
4. **to shut sb out** : litt. *fermer* (la porte) (et laisser) *qn dehors.*
5. **to pour** = *verser* ; **pour on** = *continue de tomber* ; cf. **it's pouring (with rain)** = *il pleut à verse.*

Le Roi Lear (III,4,6–36)

Lear. Tu fais grand cas de cet orage furieux
qui nous pénètre jusqu'aux os. Il en est ainsi pour toi ;
mais là où loge un mal plus grand,
un moindre mal se sent à peine. Tu fuirais un ours ;
mais si ta fuite te conduisait vers la mer rugissante,
tu tiendrais tête à l'ours. Quand l'esprit est libre,
le corps est délicat. La tempête dans mon esprit
empêche mes sens d'éprouver autre chose
que ce qui bat là. Ingratitude filiale !
N'est-ce pas comme si ma bouche déchirait ma main
parce qu'elle y porte la nourriture ? Mais je saurai punir.
Non, je ne veux plus pleurer. Par une nuit pareille
me fermer la porte ! Pluie, tombe à verse : je saurai endurer.
Par une nuit pareille ! O Régane ! ô Gonéril !
Votre bon vieux père, dont le cœur franc vous a tout
   donné —
Oh ! c'est là que la folie me guette ; il faut éviter cela ;
n'y pensons plus.
Kent. Mon bon seigneur, entrez ici.
Lear. Je t'en prie, entre toi-même ; mets-toi à l'aise.
Cette tempête m'empêche de réfléchir
à des choses qui me feraient plus de mal. Si, je vais entrer.
(*au Fou*) Entre, petit, passe devant. Pauvres sans abri —
entre, te dis-je. Je m'en vais prier, puis dormir. (*Entre le
Fou.*)
Pauvres miséreux nus, où que vous soyez,
en butte aux coups redoublés de cet impitoyable orage,
comment vos têtes sans toit et vos flancs affamés,
comment vos guenilles trouées de lucarnes vous
   défendent-elles
contre des temps pareils ? Oh ! je me suis
trop peu soucié de cela. Faste, prends ce remède ;
expose-toi à sentir comme sentent les malheureux,
afin de pouvoir leur jeter ton superflu,
et de leur montrer des cieux plus cléments.

---

6. **poverty** = *pauvreté* ; (ici) **poor people** = *pauvres gens.*
7. **nay** : (sens arch.) **no** ; **why** ; **well** ; à présent = *voire, que dis-je !*
8. **to bide** : (arch. pour) **to abide** (**abode**) = *supporter.*
9. **to pelt** : *bombarder, cribler* ; cf. **it's pelting with rain** = *il tombe
   des cordes.*
10. **to loop** = *faire une boucle* ; **looped** (ici) **full of holes**.

Lear. Come, let's away[1] to prison;
We two alone will sing like birds i' the cage:
When thou dost ask[2] me blessing, I'll kneel down,   10
And ask of thee forgiveness: so we'll live,
And pray, and sing, and tell old tales, and laugh
At gilded butterflies, and hear poor rogues
Talk of court news; and we'll talk with them too,
Who loses and who wins; who's in, who's out;
And take upon's the mystery of things,
As if we were God's spies: and we'll wear out[3],
In a wall'd prison, packs and sets of great ones
That ebb and flow by the moon.
Edmund. Take them away.
Lear. Upon such sacrifices, my Cordelia,   20
The gods themselves throw incense. Have I caught[4] thee?
He that parts us shall bring a brand from heaven,
And fire us hence like foxes. Wipe thine eyes;
The goujeres[5] shall devour them, flesh and fell[6],
Ere they shall make us weep: we'll see 'em starve first.
Come. (*Exeunt Lear and Cordelia, guarded*)
Edmund. Come hither, captain; hark,
Take thou this note; (*giving a paper*) go follow them to
    prison;
One step[7] I have advanc'd[8] thee; if thou dost
As this instructs thee, thou dost make thy way   30
To noble fortunes; know thou this, that men
Are as the time is; to be tender-minded[9]
Does not become a sword; thy great employment
Will not bear question; either say thou 'lt do 't,
Or thrive[10] by other means.
Officer. I'll do 't, my lord.

---

1. **let's (go) away**.
2. **when thou dost ask** : forme emphatique du présent, 2ᵉ pers. sing.
3. **to wear out** = (*s'*)*user*, (*s'*)*épuiser* ; (ici) **to outlive** = *survivre* (*à*).
4. **to catch (caught)** = *attraper* ; (ici) **to find (found)** = *trouver*.
5. **the goujeres** = **the French disease** = *le mal français* (*la vérole*).

Le Roi Lear (v,3,8–35)

Lear. Viens, partons en prison.
Seuls, nous deux, nous chanterons comme oiseaux en cage.
Quand tu me demanderas ma bénédiction, je
    m'agenouillerai
et te demanderai pardon. Ainsi vivrons-nous,
priant, chantant, contant de vieilles histoires, riant
de papillons dorés, écoutant de pauvres diables
parler des nouvelles de la cour ; et nous leur parlerons aussi
de qui perd, qui gagne, qui monte, qui descend ;
nous nous arrogerons le mystère des choses,
comme si nous étions les espions de Dieu. Nous survivrons,
dans les murs de notre prison, à ces clans et factions des
    grands
qui fluent et refluent sous la lune.
Edmond. Qu'on les emmène !
Lear. Sur de tels sacrifices, ma Cordélie,
les dieux eux-mêmes jettent l'encens. T'ai-je bien trouvée ?
Qui veut nous séparer, qu'il prenne au ciel un brandon
et nous enfume hors d'ici, comme des renards. Essuie tes
    yeux.
Que la vérole les dévore, chair et cuir,
avant qu'ils ne nous fassent pleurer ; nous les verrons
    d'abord crever de faim.
Viens. (*Sortent Lear et Cordélie, sous escorte.*)
Edmond. Approche, capitaine ; écoute.
Prends ce papier. (*Il le lui donne.*) Va, suis-les en prison.
Avec moi tu as pris du galon ; si tu observes
ces instructions, tu t'achemines
vers un bel avenir. Sache que les hommes
suivent le temps : avoir des états d'âme
ne sied point à qui porte l'épée. Ta haute mission
ne souffre pas qu'on la discute : dis que tu t'en charges,
ou va chercher fortune ailleurs.
L'officier. Monseigneur, je m'en charge.

---

6. **fell** = *peau* (d'animal) ; cf. *cuir* (chevelu).
7. **step** = *pas, degré, marche.*
8. **to advance** = *avancer* ; (ici) *promouvoir.*
9. **to be tender-minded** = *avoir l'esprit tendre.*
10. **to thrive** (**throve, thriven**) = *prospérer.*

Macbeth

Cette tragédie célèbre, dont la source principale est la *Chronique d'Écosse* de Ralph Holinshed, fut écrite en **1606**. Certaines allusions montrent de la part de l'auteur le désir de plaire à Jacques Ier. Le seul texte que nous ayons est celui de l'in-folio de 1623. Il est imparfait, et compte environ 2 000 vers ou lignes. La scène se passe en Écosse (sauf IV, 3, qui se passe en Angleterre).

Deux grandes parties dans ce drame de l'ambition : I. Élévation de Macbeth. II. Chute de Macbeth. Trois mouvements dans chaque partie : prédiction, action, réaction. La première partie contient le germe de la seconde. Comme dans *Hamlet*, le surnaturel sert de détonateur à l'action (ici l'anglais « plot », avec le sens de « complot », est plus juste que le français « intrigue »).

I. Dans *Macbeth*, nous avons affaire à trois sorcières qui se livrent à leurs incantations. Au début de la pièce (I,3), Macbeth et Banquo, généraux de l'armée écossaise du roi Duncan, les rencontrent dans la lande. Elles décernent à Macbeth le titre de comte de Glamis (ce qu'il est), mais aussi celui de Cawdor (ce qu'il n'est pas), et celui de futur roi ! A Banquo, elles prédisent qu'il engendrera des rois, sans être roi lui-même. Le destin donne le coup de pouce nécessaire : Macbeth devient comte de Cawdor (le dernier comte étant accusé de haute trahison) ; d'autre part le roi vient lui rendre visite. Écartelé entre sa conscience et son ambition, d'une nature « trop pleine du lait de la tendresse humaine » (au dire de Lady Macbeth, I,5,17), il va pourtant servir de bras à son épouse, monstre de cruauté (« direst cruelty », I,5,43). Dans le cas de Macbeth, la sensibilité, l'ambition, l'imagination, et bientôt le remords, vont se combiner et aboutir à une folie hallucinatoire. Après avoir longtemps hésité (dans II,2,51, sa femme le traitera de « infirm of purpose » = infirme de la volonté, volonté débile), mais poussé par son épouse et par la vision d'un poignard, il passe à l'action et tue Duncan : mais les fils de ce dernier, Malcolm et Donalbain, devinant ce qui s'est passé, s'enfuient. Macbeth est couronné roi. Assailli de peur et de remords, mais voulant opposer un démenti aux sorcières, il décide de tuer Banquo et son fils Fleance : mais ce dernier lui échappe.

II. Macbeth retourne dans la lande : les sorcières lui conseillent de se méfier de Macduff, même si « aucun homme né de femme ne pourra attenter à sa vie » (IV, 1, 80), ajoutant qu'il ne sera vaincu que « lorsque le bois de Burnam viendra à Dunsinane » (v. 93).

Apprenant que Malcolm et Macduff lèvent une armée, Macbeth s'empare du château de Macduff et fait assassiner Lady Macduff et ses enfants. Lady Macbeth, hantée par le souvenir des crimes commis, devient somnambule ; elle perd la raison et meurt.

Quant à Macbeth, attaqué par l'armée de Macduff (lequel a été arraché prématurément à sa mère) et de Malcolm, dont les hommes s'approchent de Dunsinane derrière un écran de branches provenant du bois de Burnam, il est tué par Macduff. Malcolm est proclamé roi d'Écosse.

Situation de l'extrait n° 39, I,7,1–28.

Macbeth reçoit le roi Duncan et sa suite. Ils ont presque fini de souper. Soudain Macbeth quitte la salle. Au début de la scène 7, il est seul en scène. Avant que Lady Macbeth ne vienne se renseigner sur son comportement, Macbeth explique le drame qui se joue en lui.

Situation de l'extrait n° 40, II,1,33–61.

Au début de cette courte scène (64 vers), Banquo et Fléance s'entretiennent. La nuit est déjà avancée ; Banquo avoue qu'une torpeur l'envahit, mais qu'il craint de faire un cauchemar. Entre Macbeth. Banquo lui précise les largesses de Duncan. Macbeth dit à Banquo qu'il aimerait reparler avec lui des prédictions des « sœurs fatidiques ». Sortent Banquo et Fléance.

Situation de l'extrait n° 41, V,5,1–28.

Dans la scène précédente, on apprend que l'armée anglaise approche, et qu'il y a de nombreux déserteurs parmi les alliés de Macbeth. Arrivé au bois de Birnam, Malcolm ordonne que chaque soldat coupe une branche feuillue et la porte devant lui, afin de cacher l'importance des troupes qui vont attaquer le château de Macbeth. La courte scène 5 (52 vers) se situe à l'intérieur du château.

If it were done[1], when 'tis done, then 'twere well
It were done quickly: if th' assassination
Could trammel up[2] the consequence, and catch
With his surcease[3] success; that but this blow
Might be the be-all and the end-all — here,
But here, upon this bank and shoal of time,
We'd jump[4] the life to come. — But in these cases,
We still have judgment here; that we but teach
Bloody instructions, which, being taught, return
To plague th' inventor: this even-handed[5] Justice   10
Commends[6] th' ingredients of our poison'd chalice
To our own lips. He's here in double trust:
First, as I am his kinsman[7] and his subject,
Strong both against the deed; then, as his host,
Who should against the murtherer[8] shut the door,
Not bear the knife myself. Besides, this Duncan
Hath borne his faculties so meek[9], hath been
So clear in his great office, that his virtues
Will plead like angels, trumpet-tongu'd, against
The deep damnation[10] of his taking-off[11];   20
And Pity, like a naked new-born babe,
Striding[12] the blast, or heaven's Cherubins[13], hors'd
Upon the sightless couriers of the air,
Shall blow the horrid deed in every eye,
That tears shall drown the wind. — I have no spur
To prick the sides of my intent, but only
Vaulting[14] ambition, which o'erleaps itself
And falls on th' other[15]—

---

1. **if it were done** = **if it were over** = *si c'était fini.*
2. **to trammel up** : (cf. fr. *tramail/trémail*) *prendre comme dans un filet.*
3. **his surcease** = *son terme* (la mort de Duncan).
4. **to jump** = *sauter*; (ici) *risquer.*
5. **even-handed** = *aux mains égales, impartial.*
6. **to commend** = *recommander*; (ici) *présenter.*
7. **kinsman** : (**kin = stock, family**) **relation/relative** = *parent.*
8. **murtherer** : (arch.) **murderer** = *meurtrier*; (cf. **murther = murder**).

Si, la chose faite, c'était fini, alors il serait bon
que ce fût vite fait ; si cet assassinat
pouvait entraver ses conséquences et saisir,
avec son terme, le succès ; si ce seul coup
pouvait être le tout et la fin de tout, ici-bas,
ne fût-ce qu'ici-bas, sur cette plage que le temps découvre
   et recouvre,
nous risquerions la vie à venir. Mais en l'occurrence
nous sommes toujours jugés ici-bas : nous ne faisons
   qu'enseigner
de sanglantes leçons qui, une fois données, reviennent
tourmenter l'inventeur. Cette justice impartiale
présente à nos lèvres le contenu de la coupe
par nous empoisonnée. Il est ici sous une double
   sauvegarde :
d'abord je suis son parent et son sujet,
deux fortes raisons contre cet acte ; et puis, étant son hôte,
je devrais fermer la porte à son meurtrier,
et non tenir moi-même le couteau. En outre ce Duncan
a exercé son pouvoir avec une telle mansuétude, a été
si pur dans ses hautes fonctions, que ses vertus,
comme des anges claironnants, plaideront contre
le noir forfait qui lui ôte la vie ;
et la pitié, tel un nouveau-né tout nu
enfourchant la tempête, ou de célestes chérubins
montant les coursiers invisibles de l'air,
soufflera cette horrible action dans les yeux de tous,
au point de noyer le vent de pleurs. Je n'ai pas d'éperon
pour piquer les flancs de mon intention, mais rien
qu'une ambition démesurée qui saute trop haut
et retombe de l'autre (*côté*).

---

9. **meek** : pour **meekly** = *avec douceur*.
10. **damnation** : i.e. l'auteur sera damné.
11. **taking-off** : euphémisme pour **murder**.
12. **to stride (strode, stridden)** = *marcher à grands pas* ; (ici) **to bestride** = *enfourcher* ; cf. **astride** = *à califourchon* (*sur*).
13. **cherubins** : en angl.mod. on a : sg. **cherub**, pl. **cherubs/cherubim**.
14. **vaulting** : tel un cavalier *sautant* trop haut pour monter.
15. **on the other (side)** : phrase interrompue par l'arrivée de Lady Macbeth.

Is this a dagger, which I see before me,
The handle toward my hand? Come, let me clutch
    thee: —
I have thee not, and yet I see thee still.
Art thou not, fatal vision, sensible[1]
To feeling, as to sight? or art thou but
A dagger of the mind, a false creation,
Proceeding from the heat-oppressed[2] brain?
I see thee yet, in form as palpable   40
As this which now I draw.
Thou marshall'st[3] me the way that I was going;
And such an instrument I was to use.—
Mine eyes are made the fools[4] o'th' other senses,
Or else worth all the rest: I see thee still;
And on thy blade, and dudgeon[5], gouts of blood,
Which was not so before.—There's no such thing.
It is the bloody business which informs[6]
Thus to mine eyes.—Now o'er the one half-world
Nature seems dead, and wicked dreams abuse   50
The curtain'd sleep: Witchcraft celebrates
Pale Hecate's[7] off'rings; and wither'd Murther,
Alarum'd by his sentinel, the wolf,
Whose howl's his watch, thus with his stealthy pace,
With Tarquin's[8] ravishing strides, towards his design
Moves like a ghost.—Thou sure and firm-set earth,
Hear not my steps, which[9] way they walk, for fear
The very stones prate of my where-about[10],
And take the present horror from the time,
Which now suits with it.—Whiles I threat, he lives: 60
Words to the heat of deeds too cold breath gives.

---

1. **sensible** : (sens arch. fr.) *perceptible.*
2. **heat (fever)-oppressed** = *accablé de fièvre.*
3. **to marshal** = *rassembler* (troupes) ; (ici) *montrer, indiquer.*
4. **fool** = *imbécile* ; (ici) **plaything, toy** = *jouet.*
5. **dudgeon** : (arch.) **handle** = *manche.*
6. **to inform** : (ici sens arch.) **to take shape.**

Macbeth (II,1,33–61)

Est-ce une dague que je vois devant moi,
le manche tourné vers ma main ? Viens çà, que je te
   saisisse !
Je ne te tiens pas ; pourtant, je te vois encore.
N'es-tu pas, vision fatale, sensible
au toucher, comme à la vue ? ou n'es-tu
qu'une dague imaginaire, création trompeuse
émanant du cerveau accablé de fièvre ?
Je te vois encore, de forme aussi palpable
que cette arme que je dégaine à présent.
Tu me montres la direction que je prenais ;
et c'est bien l'instrument dont je devais me servir.
Mes propres yeux sont devenus les jouets des autres sens,
ou bien ils valent tous les autres. Je te vois toujours ;
sur ta lame et sur ton manche, des gouttes de sang
qui n'y étaient pas auparavant. Non ! il n'y a rien de tel.
C'est cette sanglante besogne qui prend forme ainsi
à mes yeux. A cette heure, sur la moitié du monde,
la nature semble morte, et des rêves pervers abusent
le sommeil sous les courtines. La sorcellerie présente
ses offrandes à la pâle Hécate ; et le meurtre étique,
alerté par sa sentinelle, le loup,
dont le hurlement lui sert de montre, ainsi à pas furtifs
va vers son but, avec les foulées de Tarquin le ravisseur,
semblable à un fantôme. O terre sûre et ferme,
n'entends point mes pas, où qu'ils se dirigent, de peur
que les pierres mêmes ne jasent sur le lieu où je suis,
et n'enlèvent au temps présent l'horreur
qui lui sied maintenant !... Tandis que je menace, lui vit.
L'ardeur de l'action se refroidit quand on parle trop.

---

7. **Hecate** : Hécate était la déesse de la sorcellerie.
8. **Tarquin** le Superbe, et son fils Sextus, furent chassés de Rome
   pour leur cruauté, et la république proclamée (509).
9. **which (way)** : pour **whichever** = no matter which = *quelque...*
   que.
10. **my where-about** : pour **my whereabouts** = *là où je me trouve.*

Macb. Hang out our banners on the outward walls;
The cry is still, "They come!" Our castle's strength
Will laugh a siege to scorn[1]: here let them lie,
Till famine and the ague[2] eat them up.
Were they not forc'd[3] with those that should be ours,
We might have met them dareful[4], beard to beard,
And beat[5] them backward home. What is that noise?
Sey. It is the cry of women, my good Lord. (*Exit*)
Macb. I have almost forgot[6] the taste of fears.
The time has been, my senses would have cool'd   10
To hear a night-shriek; and my fell of hair[7]
Would at a dismal treatise[8] rouse, and stir,
As life were in't. I have supp'd full with horrors:
Direness[9], familiar to my slaughterous thoughts,
Cannot once start me. (*Re-enter Seyton*)
Wherefore[10] was that cry?
Sey. The Queen, my Lord, is dead.
Macb. She should have died hereafter[11]:
There would have been a time for such a word.—
To-morrow, and to-morrow, and to-morrow,
Creeps in this petty pace from day to day,   20
To the last syllable of recorded time;
And all our yesterdays have lighted fools
The way to dusty death. Out[12], out, brief candle!
Life's but a walking shadow; a poor player,
That struts and frets his hour upon the stage,
And then is heard no more: it is a tale
Told by an idiot, full of sound and fury,
Signifying nothing.

---

1. **to laugh to scorn** = *rire de mépris*.
2. **ague** ['eigju :] = *fièvre* (paludéenne) *aiguë* (cf. fr.) intermittente.
3. **forc'd** : (ici) **reinforced**.
4. **dareful**, pour **darefully** = *avec audace* ; (ici) **boldly** = *hardiment*.
5. **beat** : (ici forme arch. pour) **beaten**.
6. **forgot** : (poét.) **forgotten**.
7. **fell of hair** = *la peau et les cheveux dessus*.

Macbeth (v,5,1–28)

Macb. Qu'on déploie nos bannières sur les remparts !
C'est toujours le cri : « Ils arrivent ! » La force de notre château
peut narguer un siège : qu'ils demeurent là,
jusqu'à ce que la famine et la fièvre les dévorent !
S'ils n'étaient renforcés par ceux qui devraient être nôtres,
nous aurions pu les affronter hardiment, face à face,
et les repousser jusqu'à chez eux. Mais quel est ce bruit ?
Sey. Ce sont des cris de femmes, mon bon seigneur. (*Il sort.*)
Macb. J'ai presque oublié le goût de la peur.
Il fut un temps où mes sens se seraient glacés
d'entendre un cri la nuit ; où mes cheveux,
à quelque sombre récit, se seraient dressés et agités,
comme doués de vie. Mais je suis rassasié d'horreurs :
l'affreux, familier à mes pensées meurtrières,
ne me fait plus du tout tressaillir. (*Rentre Seyton.*)
Pourquoi ce cri ?
Sey. Monseigneur, la reine est morte.
Macb. Elle aurait dû mourir plus tard :
il y aurait eu alors un temps pour ce mot-là.
Demain, et puis demain, et puis demain
glissent à petits pas, de jour en jour,
jusqu'à l'ultime syllabe du registre du temps ;
et tous nos hiers ont éclairé pour des sots
le chemin de la poudreuse mort. Éteins-toi, court flambeau !
La vie n'est qu'une ombre qui passe, un pauvre acteur
qui se pavane et s'agite durant son heure sur la scène,
et qu'ensuite on n'entend plus ; c'est un conte
narré par un idiot, plein de bruit et de fureur,
et qui ne signifie rien.

---

8. **treatise** : (littér.) **treaty** = *traité* ; (ici) **tale** = *conte*.
9. **direness** : (arch.), de **dire** = *affreux* ; **direness... start me** = **horror can no longer make me start** (cf. trad.).
10. **wherefore** = **for what reason**.
11. **hereafter** = **in future, later on**.
12. **(go) out** = *éteins-toi*. N.B. A comparer à tirade célèbre de As You Like It (II,7,139).

1. *Comme il ne savait pas nager, il s'est noyé dans la rivière.*
2. *Ophélie était couverte de guirlandes de fleurs sauvages.*
3. *Le navire sombra (= s'enfonça) très lentement.*
4. *J'essaierai de me fuir moi-même.*
5. *Être sage et amoureux dépasse la force de l'homme.*
6. *Je me sentais exalté par sa propre compagnie.*
7. *Ça m'est égal : je ne veux pas tourmenter ceux que je déteste.*
8. *Je n'ai jamais rencontré un aussi fieffé menteur.*
9. *Avez-vous jamais vu la sagesse au service de la sottise ?*
10. *Sa haine était pire que sa honte, la pire de tout.*
11. *Il était sans foi, sans loi, sans repos, sans espoir.*
12. *Laissez-moi faire ce que je veux faire.*
13. *Son père m'invitait souvent, mais il ne le fait plus.*
14. *Il l'échappa belle lorsque le rocher tomba de la falaise.*
15. *Il regrettait de ne pas avoir entendu mon discours.*

1. As he could not swim, he was drowned in the river.
2. Ophelia was covered with garlands of wild flowers.
3. The ship sank very slowly.
4. I shall try to shun myself.
5. To be wise and love exceeds man's might.
6. I felt uplifted by his/her (own) company.
7. It's all one to me; I will not plague those (whom) I hate.
8. I have never seen such a notorious liar.
9. Have you ever seen wisdom waiting on folly?
10. His/her hatred was worse than his/her shame, the worst of all.
11. He was faithless, lawless, restless and hopeless.
12. Let me do what I want to do.
13. His/her father used to invite me, but he/she does no longer/but he/she doesn't do now.
14. He had a narrow escape/a hair-breadth escape when the rock fell down from the cliff.
15. He wished he had heard my speech.

1. *Comme je m'étais bien nourri, je me sentis somnolent.*
2. *Je dormis bien la nuit suivante, ignorant ce qui s'était passé.*
3. *Disons adieu à la guerre et à l'ambition.*
4. *Le pauvre homme portait des vêtements en loques.*
5. *Il n'y a rien d'autre à voir que ce que vous voyez.*
6. *Cet orage impitoyable avait envahi tout le pays.*
7. *Que le destin vous permette de prospérer !*
8. *Je suis un gagnant, pas un perdant.*
9. *Il (nous) faut nous séparer sans pleurer.*
10. *À marée haute la mer recouvre ce haut-fond.*
11. *La justice devrait être impartiale dans tous les cas.*
12. *L'enfant crut voir un ange chevauchant le nuage.*
13. *La vue valait le voyage.*
14. *Le vilain garçon faisait des rêves effrayants toutes les nuits.*
15. *Le rideau était tiré, la vie semblait arrêtée.*

1. As I had fed well, I felt drowsy.
2. I slept well the next night, not knowing what had happened.
3. Let us say farewell to war and ambition.
4. The poor man was wearing ragged clothes.
5. There is nothing else to be seen, save what you can (already) see.
6. The pitiless storm had invaded the whole country.
7. Let fate allow you to thrive!
8. I am a winner, not a loser.
9. We ought to part without shedding tears.
10. At high tide the sea covers that shoal.
11. Justice ought to be even-handed in all cases.
12. The child thought he could see an angel astride the cloud.
13. The sight was worth the journey.
14. The wicked boy had frightful dreams every night.
15. The curtain was drawn, life seemed stopped.

Antony and Cleopatra
Antoine et Cléopâtre

Dans cette tragédie romaine, datée de **1606–1607**, comme dans *Jules César* et dans *Coriolan*, l'auteur suit d'assez près le canevas de Plutarque (*via* Amyot et North) ; mais son imagination incommensurable donne vie à des personnages de chair et de sang, qui évoluent dans le temps dramatique, lequel resserre et télescope en quelques journées des faits historiques que des années parfois séparent.

La scène se passe dans l'Empire romain, sous le triumvirat de César, Antoine et Lépide, pendant les années qui aboutissent à la bataille d'Actium (31 av. J.- C.). Antoine, installé à Alexandrie où il vit dans le faste de la belle et astucieuse Cléopâtre, reine d'Égypte, qui a su l'envoûter, est rappelé à Rome par le décès de sa femme, Fulvia, et pour des raisons politiques, notamment la rivalité et la jalousie de César qui voit Antoine vivant dans la débauche à Alexandrie, alors qu'il doit faire face, dans la Rome puritaine, avec un Lépide diminué, aux ennemis de l'intérieur, en particulier à l'hostilité de Pompée. Mais Antoine se promet de retourner à Alexandrie dès que possible.

Pour mettre fin à la brouille entre César et Antoine, Agrippa, partisan de César, conseille à Antoine d'épouser Octavie, sœur de César. Aussitôt dit, aussitôt fait. Quand Cléopâtre apprend ce remariage, elle est folle de rage et de jalousie.

L'acte II, assaisonné de festins, même entre les triumvirs et Pompée, nous montre Octavie s'efforçant de réconcilier son frère et son mari ; mais César lui apprend bientôt qu'Antoine est reparti pour Alexandrie, où il prépare une guerre contre Rome, après avoir donné l'Empire à une catin. L'acte III décrit les préparatifs de la bataille d'Actium ; l'acte IV est en partie consacré à la bataille elle-même, à la fois sur mer, où César a l'avantage, et sur terre où Antoine devrait l'emporter. Battu sur mer, puis sur terre où ses soldats s'enfuient, Antoine propose à César un combat singulier. César refuse, et exige que Cléopâtre chasse Antoine d'Égypte. Alors même que sa flotte, suivant le navire de Cléopâtre, passe à l'ennemi, Antoine réagit : il libère ses troupes restées fidèles, mais veut régler son compte à Cléopâtre qui, se mêlant de tout, est la cause de sa défaite. Celle-ci se cache dans un monument funéraire, et fait dire à Antoine qu'elle est morte. Désespéré, Antoine ordonne à son ami Eros de le tuer ; celui-ci préfère se donner la mort. Antoine se saisit de l'épée d'Eros et se blesse grièvement. Il se fait porter par ses gardes jusqu'au monument, et meurt dans les bras de Cléopâtre.

Dans l'acte v, Cléopâtre, refusant de tomber sous la coupe de César, après avoir revêtu sa robe de reine et sa couronne, se fait piquer par des aspics qu'un rustre a apportés dans un panier. César ne peut que constater les faits.

Situation de l'extrait nº 42, ii,2,198–226.

Enobarbus, ami d'Antoine, se trouve à Rome, dans la maison de Lépide, où il raconte à Agrippa, ami de César, comment Cléopâtre a « empoché » le cœur d'Antoine dès leur première rencontre. Il décrit l'arrivée de Cléopâtre.

Situation de l'extrait nº 43, iv,12/14,35–62.

Alexandrie. Une salle du palais. Antoine explique à son ami Eros comment il a été vaincu, par la perfidie de Cléopâtre passant à l'ennemi. Entre Mardian, serviteur de Cléopâtre, qui déclare que la reine a toujours aimé Antoine, et qu'elle est morte en prononçant son nom.

Eno. I will tell you.
The barge she sat in, like a burnish'd[1] throne,
Burn'd on the water; the poop was beaten gold,   200
Purple the sails, and so perfumed, that
The winds were love-sick with them, the oars were
   silver,
Which to the tune of flutes kept stroke, and made
The water which they beat to follow faster,
As amorous of their strokes. For her own person,
It beggar'd[2] all description; she did lie
In her pavilion, — cloth-of-gold of tissue, —
O'er-picturing that Venus where we see
The fancy outwork nature; on each side her
Stood pretty-dimpled[3] boys, like smiling Cupids,   210
With divers-colour'd fans, whose wind did seem
To glow the delicate cheeks which they did cool,
And what they undid did.
Agr. O! rare[4] for Antony.
Eno. Her gentlewomen, like the Nereides[5],
So many mermaids, tended[6] her i' the eyes,
And made their bends adornings; at the helm
A seeming mermaid steers; the silken tackle
Swell[7] with the touches of those flower-soft hands,
That yarely[8] frame[9] the office. From the barge
A strange invisible perfume hits the sense   220
Of the adjacent wharfs. The city cast
Her people out upon her, and Antony,
Enthron'd i' the market-place, did sit alone,
Whistling to the air; which, but for[10] vacancy[11],
Had gone to gaze on Cleopatra too
And made a gap in nature.

---

1. **to burnish** = **to polish (metal) by friction**.
2. **to beggar** = **to outshine** = *défier* (toute description).
3. **dimpled** : de **dimple** = *fossette* ; certains comprennent *potelés*.
4. **rare** : (ici) **remarkably good**.
5. **Nereides** = **sea-nymphs**.
6. **to tend** = **to take care of**.

Antoine et Cléopâtre (II,2,198–226)

Eno. Je vais vous le conter.
La barque où elle était assise, brillante comme un trône,
flamboyait sur les eaux ; la poupe était d'or martelé,
de pourpre les voiles, et parfumées au point que
les vents se pâmaient d'amour ; d'argent étaient les rames
qui, au son des flûtes, tenaient la cadence,
pressant les eaux qu'elles battaient,
comme amoureuses de leurs coups. Quant à sa personne,
elle défiait toute description ; elle était couchée sous un
    pavillon tissé de drap d'or,
éclipsant cette Vénus où nous voyons
l'imagination surpasser la nature ; à ses côtés
se tenaient de mignons garçons à fossettes, souriants
    Cupidons,
avec des éventails diaprés, dont le souffle semblait
rougir en les rafraîchissant les joues délicates,
refaisant ce qu'ils défaisaient.
Agr. Quel régal pour Antoine !
Eno. Ses suivantes, vraies Néréides,
comme autant de sirènes, suspendues à ses regards,
s'inclinaient avec grâce. Au gouvernail
une sirène, semble-t-il, tient la barre ; les agrès de soie
se tendent au toucher de ces mains douces comme des
    fleurs,
et qui prestement s'acquittent de leur tâche. De la barque
un parfum étrange et invisible frappe les sens
des quais les plus proches. La cité avait jeté
tout son peuple au-devant d'elle ; et Antoine,
sur son trône, place du marché, se trouvait seul,
à siffler vers l'air qui, sans l'horreur du vide,
s'en fût allé lui aussi contempler Cléopâtre,
faisant une brèche dans la nature.

---

7. **to swell (swelled, swollen)** = *gonfler* (voile) ; d'où, *tendre*.
8. **yarely** : (arch.) **readily, briskly** = *prestement*.
9. **to frame** : (ici) **to adapt, to fit (to)** = *s'adapter (à)*.
10. **but for** = *except for*.
11. **vacancy** : (ici) **vacuum** = *le vide*.

Ant. Unarm, Eros; the long day's task is done,
And we must sleep...
Off, pluck off;
The seven-fold[1] shield of Ajax cannot keep
The battery[2] from my heart. O! cleave, my sides;
Heart, once be stronger than thy continent[3],   40
Crack thy frail case! apace[4], Eros, apace.
No more a soldier; bruised[5] pieces, go;
You have been nobly borne. From me awhile. (*Exit Eros*)
I will o'ertake thee, Cleopatra, and
Weep for my pardon. So it must be, for now
All length is torture; since the torch is out,
Lie down, and stray no further. Now all labour
Mars[6] what it does; yea[7], very force[8] entangles[9]
Itself with strength[10]; seal then, and all is done.
Eros! — I come, my queen. — Eros! — Stay for me: 50
Where souls do couch on flowers, we'll[11] hand in hand,
And with our sprightly port make the ghosts gaze;
Dido and her Æneas shall want troops,
And all the haunt[12] be ours. Come, Eros! Eros! (*Re-enter Eros*)
Eros. What would my lord?
Ant. Since Cleopatra died,
I have liv'd in such dishonour, that the gods
Detest my baseness. I, that with my sword
Quarter'd[13] the world, and o'er green Neptune's back
With ships made cities, condemn myself to lack
The courage of a woman; less noble mind   60
Than she, which by her death our Caesar tells
"I am conqueror of myself".

---

1. **seven-fold** = *septuple* (cf. **two-fold** = *double*, etc.).
2. **battery** : (cf. fr.) = **set of similar or connected elements** ; (ici, sens fig.) = **beating** = *battement(s)*.
3. **continent** : (cf. fr.) = **mainland** ; (ici) **container** = *contenant* ≠ **contents** = *contenu*.
4. **apace** : (cf. fr. au pas) = **swiftly, quickly** = *vite* (adv.).
5. **to bruise** [bru:z] = 1. *contusionner* ; 2. *écraser*.
6. **to mar** = *gâcher* ; **to make or mar** = *faire réussir ou échouer*.

Antoine et Cléopâtre (IV,12/14,35–62)

Ant. Eros, désarme-moi ; la tâche de ce long jour est finie ;
il nous faut dormir...
Enlève, arrache !
Le septuple bouclier d'Ajax ne saurait résister
aux battements de mon cœur. Oh ! mes flancs, éclatez !
et toi, mon cœur, pour une fois sois plus fort que ton
   enveloppe ;
brise ta frêle demeure ! Vite, Eros, vite !
Fini, le soldat ; lambeaux bosselés, allez !
vous fûtes portés noblement. Laisse-moi un instant.
   (*Sort Eros.*)
O Cléopâtre, je vais te rejoindre et
implorer ton pardon. Ainsi soit-il. A présent
tout délai m'est torture. Puisque la torche est éteinte,
couche-toi, cesse d'errer ; désormais tout effort
est en pure perte ; oui, la force même s'entrave
dans son élan. Mets donc le sceau, et que tout soit fini.
Eros ! — Je viens, ma reine. — Eros ! — Attends-moi ;
où les âmes reposent sur des fleurs, allons la main dans la
   main :
notre démarche allègre frappera le regard des ombres.
Didon et son amant Enée manqueront de cortège ;
c'est nous que suivra la foule. Eros ! viens ! (*Rentre Eros.*)
Eros. Que veut mon seigneur ?
Ant. Depuis que Cléopâtre est morte,
j'ai vécu dans un tel opprobre que les dieux
détestent ma bassesse. Moi dont l'épée
taillait le monde, et qui sur le dos glauque de Neptune
faisais de mes navires des cités, je me blâme de n'avoir pas
le courage d'une femme, d'avoir l'esprit moins noble
que celle qui, par sa mort, dit à notre César :
« Nul n'a pu me vaincre que moi. »

---

7. **yea** : (arch.) **yes** ; cf. **nay** : (sens arch.) **no**.
8. **very force** = **force itself**.
9. **to entangle** = *empêtrer*.
10. **strength** = *force* (de **strong**).
11. **we'll (go) hand in hand**.
12. **haunt** = *lieu fréquenté* ; **to haunt**, cf. fr. *hanter*.
13. **to quarter** = *diviser en quartiers*.

Coriolan

Coriolanus
Coriolan

Cette tragédie, dont nous ne possédons que le texte « corrompu » de l'in-folio de 1623, fut écrite en **1607–1608**. L'auteur s'inspire librement du *Plutarque* de North. La scène se passe à Rome (et environs), Corioles (et environs), et à Antium.

Caïus Marcius, général aussi vaillant qu'orgueilleux et emporté, attaque la ville de Corioli (Corioles) à la tête des forces romaines ; il se taille un chemin dans la ville à coups d'épée, rameute ses troupes, s'empare de la cité et défait l'armée volsque d'Aufidius. Il revient à Rome en triomphateur, et reçoit le surnom de Coriolan. On lui offre la charge de consul, qu'il accepte ; mais il refuse de se plier à la tradition qui veut qu'il sollicite les suffrages des plébéiens, qu'il méprise et déteste. Il se répand en insultes. Ceci illustre bien l'opposition entre, d'une part, les consuls, centurions, sénateurs et nobles, et, d'autre part, les tribuns, édiles et plébéiens.

Coriolan est banni ; il se réfugie à Antium, chez son ennemi Aufidius qui le reçoit à bras ouverts. Bientôt il commande, en second, une armée qu'Aufidius a levée, est accueilli partout en héros, et arrive près de Rome (qu'Aufidius se promet de piller et d'incendier). Il est sourd aux pressions de ses anciens amis, mais cède aux remontrances de sa mère et à la prière muette de sa femme et de son fils : il épargne Rome.

Lors d'un déplacement à Corioles, il est assassiné par les conjurés d'Aufidius, lequel, jaloux, a comploté contre lui.

Situation de l'extrait n° 44, v,3,34–63.

A la scène précédente, Coriolan avait renvoyé son vieil ami Menenius, en ajoutant : « Mère, femme, enfant, je ne les connais plus. » Au début de la scène 3, Coriolan fait remarquer à Aufidius comme il l'a bien servi. Mais soudain entrent en habits de deuil Volumnie, Virginie et le jeune Marcius : cela change tout !

Cori. I'll never
Be such a gosling to obey instinct, but stand
As if a man were author of himself
And knew no other kin.
Virg. My lord and husband!
Cori. These eyes are not the same I wore[1] in Rome.
Virg. The sorrow that delivers[2] us thus changed
Makes you think so.
Cori. (*aside*) Like a dull actor now   40
I forgot my part and I am out[3],
Even to a full disgrace. Best of my flesh,
Forgive my tyranny; but do not say
For that, 'Forgive our Romans'. O, a kiss
Long as my exile, sweet as my revenge!
Now, by the jealous queen[4] of heaven, that kiss
I carried from thee, dear, and my true lip
Hath virgined it[5] e'er since. You gods! I prate
And the most noble[6] mother of the world
Leave unsaluted. Sink my knee i'th'earth; (*He kneels*)   50
Of thy deep duty more impression show
Than that of common sons.
Volu. O, stand up blest[7]! (*He rises*)
Whilst with no softer cushion than the flint
I kneel before thee, and unproperly
Show duty as mistaken all this while
Between the child and parent. (*She kneels*)
Cori. What's this?
Your knees to me? To your corrected son? (*He raises her*)
Then let the pebbles on the hungry[8] beach
Fillip[9] the stars. Then let the mutinous winds
Strike the proud cedars 'gainst the fiery sun,   60
Murdering impossibility[10], to make
What cannot be slight work.
Volu. Thou art my warrior;
I holp[11] to frame thee.

---

1. **wore** : **to wear** (**wore, worn**) = *porter* (vêtement, etc.) ; (fig.) *arborer, afficher*.
2. **to deliver** = *délivrer ; distribuer* ; (ici) **to present**.
3. **out** : (ici) **at fault** (sens technique).
4. **the jealous queen** : *Junon*, gardienne du mariage.
5. **virgined it** = **remained chaste**.
6. **noble** : adj. court en **-le** : comp./superl. **er/est** ou **more/most**.

Cori. Je ne serai jamais
l'oison qui obéit à l'instinct. Je resterai
un homme qui serait l'auteur de ses jours,
et ne connaîtrait nulle autre parenté.

Virg. Mon seigneur, mon mari !

Cori. Ma vue n'est plus celle que j'affichais à Rome.

Virg. Le chagrin qui nous présente ainsi changées
vous le fait croire.

Cori. (*en aparté*) A présent, tel un mauvais acteur,
j'ai oublié mon rôle, et je suis en panne,
en pleine confusion. O toi, le meilleur de ma chair,
pardonne-moi ma cruauté ; mais ne me demande pas
pour autant de « pardonner à nos Romains ». Oh ! un baiser,
long comme mon exil, doux comme ma vengeance !
Mais par la jalouse reine des cieux, ce baiser
que j'ai emporté de toi, chérie, et ma lèvre fidèle
sont restés chastes depuis lors. O dieux ! je bavarde,
et la plus noble mère qui soit au monde,
je ne l'ai pas encore saluée. Mon genou, enfonce-toi en
   terre ;
de ton profond devoir montre une marque plus forte
que celle du commun des fils.

Volu. Oh ! debout, par bonheur ! (*Il se lève.*)
tandis que, sans coussin plus mol que le pavé,
je m'agenouille devant toi, et improprement
montre un hommage indu tout ce temps
du parent pour l'enfant. (*Elle s'agenouille.*)

Cori. Qu'est-ce à dire ?
Vous, à genoux devant moi, ce fils que vous corrigiez ? (*Il
   la fait lever.*)
Alors, que les galets de la stérile plage
lapident les étoiles ! Que les vents mutinés
projettent les cèdres altiers contre le soleil de feu,
annulant l'impossible, et rendant
facile une tâche qui ne peut l'être !

Volu. Tu es mon guerrier ;
j'ai aidé à te concevoir.

---

7. **blest** = *béni* ; (ici) **lucky**.
8. **hungry** = *qui a faim* ; (ici) **barren** = *stérile*.
9. **to fillip** = *donner une chiquenaude à*.
10. **murdering impossibility** = **making nothing seem impossible**.
11. **I holp** : (passé arch.) **I helped**.

Iachimo et Imogène dans *Cymbeline*

Cymbeline

Cette pièce décriée, rangée dans les tragédies (?), écrite en **1609–1610**, jouée en 1610–1611, et dont le premier texte est celui de 1623, est un condensé des recettes chères à Shakespeare : adaptation libre de diverses sources (ici Holinshed et Boccace) ; intrigues entremêlées (ici drame psychologique de la fidélité entre Posthumus, gentilhomme accompli, Imogène (fille de Cymbeline, roi de Grande-Bretagne), « la plus adorable femme créée par Dieu ou par l'homme » (Swinburne), et Iachimo, le traître, sous-produit de Iago ; drame politique : la guerre entre Rome et la Grande-Bretagne (dont le seul intérêt est de faire progresser l'action) ; double drame romanesque : celui d'Imogène devenue page du général romain ; celui de Bélarius et de « ses » enfants ; mariage secret (Posthumus-Imogène) qui, révélé, vaut le bannissement au coupable ; pari que Iachimo fait à Posthumus de lui prouver l'infidélité d'Imogène (en pénétrant de nuit dans sa chambre, et en lui dérobant son bracelet ; le traître sera finalement confondu) ; présence d'un bouffon (ici Cloten, fils d'un premier lit de la reine) ; déguisement (celui d'Imogène) ; réapparition soudaine de personnes considérées comme perdues (Imogène, qui met fin au désespoir de Posthumus rentré d'exil ; et les deux fils de Cymbeline, volés et rendus par Bélario, sauvant ainsi la couronne de Cymbeline) ; enfin réconciliation générale.

Ajoutons que les « désintégrateurs » de Shakespeare s'en donnent ici à cœur joie, ne lui laissant que quelques scènes brillantes, et attribuant aimablement le reste, ainsi que le canevas de la pièce, à des collaborateurs (ici Beaumont et Fletcher).

Situation de l'extrait nº 45, II,5,1–14 & 17–34.

Iachimo vient de « prouver » à Posthumus qu'il a passé la nuit avec Imogène. Dans cette scène 5 qui, dans certaines éditions, est la fin de la scène 4, Posthumus, seul en scène, donne libre cours à sa fureur.

N.B. C'est dans *Cymbeline* que se trouve le magnifique chant funèbre « Fear no more the heat of the sun » (« Ne crains plus la chaleur du soleil », IV,2,258–281) qui, dans la troupe de Shakespeare, n'était pas chanté, mais était déclamé, peut-être accompagné de la viole.

Is there no way for men to be, but women
Must be half-workers[1]? we are all bastards,
And that most venerable man, which[2] I
Did call my father, was I know not where
When I was stamp'd[3]. Some coiner[4] with his tools
Made me a counterfeit[5]: yet my mother seem'd
The Dian of that time: so doth my wife
The nonpareil[6] of this. O vengeance, vengeance!
Me of my lawful pleasure she restrain'd,
And pray'd me oft forbearance: did it with   10
A pudency so rosy, the sweet view on't[7]
Might well have warm'd old Saturn; that I thought her
As chaste as unsunn'd snow. O, all the devils!
This yellow Iachimo ... found no opposition
But what he look'd for should oppose[8] and she
Should from encounter guard. Could I find out
The woman's part in me — for there's no motion[9]   20
That tends to vice in man, but I affirm
It is the woman's part: be it lying, note it,
The woman's: flattering, hers; deceiving, hers:
Lust, and rank thoughts, hers, hers: revenges, hers:
Ambitions, covetings, change of prides, disdain,
Nice[10] longing, slanders, mutability;
All faults that name[11], nay, that hell knows, why, hers
In part, or all: but rather all. For even to vice
They are not constant, but are changing still;
Once vice, but of a minute old, for one   30
Not half so old as that. I'll write against them,
Detest them, curse them: yet 'tis greater skill
In a true hate, to pray they have their will:
The very devils cannot plague them better.

---

1. **be half-workers = share the work (with men)** = *partagent*.
2. **which** : à l'époque souvent employé pour **who(m)**.
3. **to stamp** = *timbrer, poinçonner* (d'où l'image qui suit).
4. **coiner** = (faux) *monnayeur*.
5. **counterfeit** : (adj. ou subst.) *faux*.
6. **nonpareil** : (littér.) *incomparable, sans égal* (**matchless**).

Cymbeline (II,5,1–14 et 17–34)

N'y a-t-il pour les hommes d'autre façon d'être, que les
  femmes
ne soient de moitié dans l'ouvrage ? Nous sommes tous
  bâtards,
et cet homme, combien vénérable, que
j'appelais mon père, se trouvait je ne sais où
lorsque je fus conçu. Quelque faussaire outillé
m'a contrefait. Pourtant ma mère passait
pour la Diane de son temps, comme aujourd'hui ma femme
semble incomparable. O vengeance ! vengeance !
Dire qu'elle freinait mon plaisir légitime,
me prêchant souvent l'abstinence : elle le faisait avec
une pudeur si rougissante qu'un si doux spectacle
eût pu réchauffer le vieux Saturne ; je la croyais
aussi chaste que la neige sans soleil. Oh ! par tous les
  diables
ce jaune Iachimo ... n'a trouvé d'autre opposition
que celle à laquelle il s'attendait de sa part, et qu'elle
devrait garder de toute rencontre. Si je pouvais découvrir
en moi ce qui vient de la femme — car il n'y a pas de
  pulsion
chez l'homme tendant au vice, je l'affirme,
qui ne vienne de la femme : soit le mensonge, notez-le,
c'est de la femme ; d'elle la flatterie, d'elle la tromperie,
d'elle la luxure et les pensées immondes, d'elle vengeances,
ambitions, convoitises, orgueils changeants, dédain,
désirs impudiques, médisances, versatilité ;
tous les défauts cités, même ceux que connaît l'enfer, ils
  sont bien
d'elles, en partie ou plutôt en totalité. Même dans le vice
elles sont inconstantes ; elles changent sans cesse :
d'un vice, vieux d'une minute, à un autre
pas même vieux de la moitié. Je vais écrire contre elles,
les détester, les maudire — mais non, il est plus habile,
si on les hait vraiment, de prier qu'elles fassent à leur gré :
les démons eux-mêmes ne sauraient mieux les tourmenter.

---

7. **the sweet view on** (pour **of**) **it**.
8. **what he look'd for should oppose** = **what he expected her to oppose**.
9. **motion** = *mouvement* ; (ici) **impulse** = *impulsion ; pulsion*.
10. **nice** = *gentil, agréable* ; (ici) **wanton** = *impudique*.
11. **to name** = nommer ; (ici) **to have a name**

Le théâtre du Globe où *Le Conte d'Hiver*
fut joué le 15 mai 1611

The Winter's Tale
Le Conte d'hiver

Cette étrange comédie, datée de **1609–1610**, imprimée dans l'in-folio de 1623, et qui s'inspire du *Pandosto* de Greene (1588), commence par un drame de la jalousie et s'achève par un roman d'amour.

Leontes (Léonte), roi de Sicile, est persuadé que sa femme Hermione le trompe avec son ami Polixenes (Polixène), roi de Bohême, qui séjourne à sa cour. Il ordonne à Camillo (Camille) d'empoisonner Polixène ; mais tous deux s'enfuient en Bohême. Bien que l'Oracle de Delphes innocente Hermione, Léonte enlève son fils Mamillius à sa mère qu'il envoie en prison. Celle-ci accouche d'une fille que Léonte fait abandonner sur un rivage désert. On annonce successivement la mort de Mamillius, puis celle d'Hermione : Léonte est pris de remords.

Seize ans plus tard, la petite Perdita, recueillie et élevée par un vieux berger de Bohême, est devenue une belle jeune fille. Florizel, fils de Polixène, la rencontre au cours d'une chasse : il s'éprend d'elle aussitôt, et se présente comme étant Doriclès. A la fête de la tonte, Polixène et Camille déguisés constatent l'amour qui lie les deux jeunes gens : Polixène se découvre et ordonne à Doriclès/Florizel de renoncer à Perdita ; sinon la jeune fille et son père risquent la mort. Mais Camille aide Florizel, Perdita et le vieux berger à s'enfuir (les deux jeunes gens étant déguisés) jusqu'en Sicile. Là il s'avère que Perdita est bien la fille de Léonte (des vêtements, des joyaux et un papier produits par le berger en font foi), cependant qu'Hermione, présentée d'abord comme la statue de la reine vieillie, réalisée par un artiste génial, s'anime et ouvre ses bras à son mari. Polixène survient, pour participer à l'allégresse générale. Rien ne s'oppose plus au mariage de Florizel et de Perdita.

Situation de l'extrait nº 46, IV,4,116–146.

L'extrait se trouve dans la longue scène 4 de l'acte IV (836 lignes ou vers). C'est la fête des toisons. Florizel, en pâtre, confirme son amour à Perdita, hôtesse de la fête, parée comme une déesse. Elle accueille donc Polixène et Camille, déguisés eux aussi. On parle de fleurs : d'où les métaphores précieuses sur les croisements de la nature. Perdita parle en toute innocence.

Perd. O Proserpina[1],
For the flowers now that, frighted[2], thou let'st fall
From Dis's[3] wagon! Daffodils,
That come before the swallow dares, and take[4]
The winds of March with beauty; violets, dim,   12(
But sweeter than the lids of Juno's eyes
Or Cytherea's[5] breath; pale primroses,
That die unmarried ere they can behold
Bright Phoebus in his strength — a malady
Most incident to maids; bold oxlips[6] and
The crown imperial; lilies of all kinds,
The flower-de-luce[7] being one: O, these I lack
To make you garlands of, and my sweet friend
To strew him o'er and o'er!
Flor. What, like a corse[8]?
Perd. No, like a bank for Love[9] to lie and play on,   13(
Not like a corse; or if, not to be buried,
But quick and in mine arms. Come, take your flowers.
Methinks I play as I have seen them do
In Whitsun pastorals: sure this robe of mine
Does change my disposition.
Flor. What you do
Still betters[10] what is done. When you speak, sweet,
I'd have you do it ever; when you sing,
I'd have you buy and sell so, so give alms,
Pray so, and, for the ord'ring your affairs,
To sing them too; when you do dance, I wish you   14(
A wave o'th'sea, that you might ever do
Nothing but that — move still, still so,
And own no other function. Each your doing,
So singular in each particular,
Crowns what you are doing in the present deeds,
That all your acts are queens.

---

1. **Proserpina** : cf. son rapt dans les *Métamorphoses* d'Ovide.
2. **frighted** : (arch. pour) **frightened**.
3. **Dis** : dieu romain des enfers (cf. *Pluton*).
4. **take (the winds)** : (ici) **bewitch** = ensorcellent, captivent.
5. **Cytherea** : *Cythérée*, nom donné à Vénus/Aphrodite en souvenir de son île, *Cythère* (angl. **Cythera**).

Le Conte d'hiver (IV,4,116–146)

Perd. O Proserpine,
que n'ai-je ici les fleurs que, dans ton effroi, tu laissas tomber
du char de Pluton ! Les narcisses
qui viennent avant que l'hirondelle ne se risque, et qui
    captivent
par leur beauté les vents de mars ; les violettes, ternes
mais plus tendres que les paupières de Junon
ou que l'haleine de Cythérée ; les pâles primevères
qui meurent non mariées avant d'avoir vu
le brillant Phébus dans toute sa force — maladie
très fréquente chez les filles vierges ; les fiers coucous et
la couronne impériale ; les lis de toute espèce,
l'iris en étant une. Oh ! que ces fleurs me manquent
pour vous en faire des guirlandes, et vous, mon doux ami,
pour vous en couvrir tout entier !
Flor. Quoi ? comme un corps ?
Perd. Non, comme un tertre pour le repos et les jeux de
    l'Amour ;
non comme un corps ; si oui, non pour être enseveli,
mais vivant et dans mes bras. Allons, prenez vos fleurs.
Il me semble que je joue un rôle, comme je l'ai vu faire
dans les pastorales de la Pentecôte. Pour sûr cette robe
transforme mon caractère.
Flor. Ce que vous faites
s'améliore sans cesse. Quand vous parlez, ma charmante,
je voudrais vous entendre toujours ; quand vous chantez
c'est en chantant que je voudrais vous voir vendre, acheter,
    faire l'aumône
et dire vos prières ; et que, pour donner vos ordres,
vous les chantiez aussi ; quand vous dansez, je voudrais
que vous soyez une vague de la mer, afin que vous ne
    fassiez jamais
rien d'autre — à bouger toujours, toujours ainsi,
sans assurer d'autre fonction. Chacun de vos actes,
si original dans ses moindres détails,
couronne si bien ce que vous faites présentement
que toutes vos actions sont des reines.

---

6. **oxlip** : *primevère* à grandes feuilles, proche du coucou.
7. **flower-de-luce** : probablement *l'iris*, souvent classé parmi les lis.
8. **corse** : (arch. pour) **corpse** (à l'époque = *corps vivant* ou *mort*).
9. **Love** : (ici) *Cupidon*.
10. **betters** = **seems better than** = *semble meilleur que*.

Prospero (John Gielgud) dans *La Tempête*

The Tempest
La Tempête

A part la scène 1 de l'acte I, description réaliste d'une tempête qui a fourni son titre à cette dernière comédie de Shakespeare, datée de **1611**, imprimée en 1623, inspirée d'une pièce allemande et de divers récits de voyages, la scène se passe dans une île qui, à l'arrivée de Prospéro, duc légitime de Milan, abandonné à la dérive par son frère usurpateur Antonio, avec sa fille Miranda, n'était habitée que par Caliban, monstre difforme mais sensé (et qui s'exprime en vers !). Prospéro, qui a appris dans des livres l'art de la magie, libère les esprits emprisonnés par la sorcière Sycorax, défunte mère de Caliban, subjugue ce dernier, et fait d'Ariel, esprit aérien, son dévoué serviteur.

Douze ans ont passé ; Miranda est devenue une belle jeune fille. Averti de l'approche d'un navire sur lequel se trouvent, entre autres, le roi de Naples, Alonso, son fils Ferdinand, Antonio (qui a gagné Alonso à sa cause), Prospéro demande à Ariel de soulever une tempête et de provoquer un faux naufrage, si bien que les passagers se réfugient sains et saufs dans l'île, Ferdinand se trouvant séparé de son père, qu'il croit noyé, et qui le croit noyé. C'est l'occasion rêvée pour Prospéro de ménager une rencontre entre Ferdinand et Miranda, qui tombent amoureux l'un de l'autre. D'autre part, Ariel a jeté un sort sur Alonso et Antonio, qui les tient prisonniers, jusqu'à ce qu'ils se repentent de leurs méfaits. Alors c'est la réconciliation générale. Ayant récupéré le navire, les personnages de cette pièce d'une géniale extravagance, sorte de testament poétique de Shakespeare (en particulier dans les tirades de Prospéro), s'apprêtent à abandonner l'île à Caliban, Prospéro ayant renoncé à la magie.

Situation de l'extrait n° 47, v,1,28–57.

Ariel explique à Prospéro à quel point son charme a agi sur les naufragés qu'il tient à sa merci dans un bosquet de l'île ; et combien l'un d'eux, l'honnête seigneur Gonzalo, qui est resté fidèle à Prospéro, se désole de cette situation. Ayant enfin constaté le repentir des méchants, Prospéro envoie Ariel les chercher. Il fait ses adieux aux elfes et lutins à qui il a donné vie.

Prosp. They being penitent,
The sole drift of my purpose doth extend
Not a frown further. Go, release them, Ariel,   30
My charms I'll break, their senses I'll restore,
And they shall be themselves.
Ariel. I'll fetch them, sir. (*Exit*)
Prosp. Ye elves of hills, brooks, standing lakes, and groves,
And ye that on the sands with printless foot
Do chase the ebbing Neptune[1], and do fly him
When he comes back; you demi-puppets[2] that
By moonshine do the green, sour ringlets[3] make,
Whereof the ewe not bites; and you whose pastime
Is to make midnight mushrumps[4], that rejoice
To hear the solemn curfew, by whose aid —   40
Weak masters though ye be — I have bedimmed
The noontide sun[5], called forth the mutinous winds,
And 'twixt the green sea and the azured vault
Set roaring war[6]; to the dread[7] rattling[8] thunder
Have I given fire, and rifted Jove's stout oak
With his own bolt[9]; the strong-based promontory
Have I made shake, and by the spurs[10] plucked up
The pine and cedar; graves at my command
Have waked their sleepers, oped[11], and let'em forth[12]
By my so potent art. But this rough magic   50
I here abjure, and when I have required
Some heavenly music — which even now I do —
To work mine end upon their senses that[13]
This airy charm is for, I'll break my staff,
Bury it certain fathoms in the earth,
And deeper than did ever plummet[14] sound
I'll drown my book.

---

1. **the ebbing Neptune** = *quand la mer* (Neptune) *se retire ; au reflux.*
2. **demi-puppets** = *petites fées marionnettes ; farfadets.*
3. **ringlets** : *petits anneaux* (tracés dans l'herbe par les fées).
4. **mushrumps** : (arch.) **mushrooms** (cf. fr. mousseron) = *champignons.*
5. **the noontide sun** = **the midday sun** (cf. afternoon ; time/tide : même origine).
6. **roaring war** : *guerre qui fait rage* (= *la tempête*).

La Tempête (v,1,28–57)

Prosp. Puisqu'ils se repentent,
le seul but de mon projet ne s'étend pas au-delà,
d'un seul froncement de sourcil. Ariel, va les délivrer.
Je vais rompre mes charmes, leur rendre la raison,
et ils redeviendront eux-mêmes.
Ariel. Seigneur, je vais les chercher. (*Il sort.*)
Prosp. Elfes des collines, ruisseaux, lacs étales et bocages,
et vous qui sur les sables, d'un pied sans empreinte,
poursuivez Neptune au reflux, et le fuyez
à son retour ; esprits follets qui
au clair de lune faites les annelets verts et âcres
dont ne broute pas la brebis ; et vous qui passez le temps
à faire des mousserons de minuit, vous réjouissant
d'entendre le grave couvre-feu ; avec votre aide —
tout faibles maîtres que vous soyez —, j'ai obscurci
le soleil de midi, suscité les vents mutins
et, entre la mer glauque et la voûte azurée,
provoqué une guerre hurlante ; au vacarme terrible du
    tonnerre
j'ai donné le feu ; j'ai fendu le robuste chêne de Jupiter
de son propre carreau ; le promontoire à base solide,
je l'ai ébranlé ; j'ai, par leurs racines, arraché
le pin et le cèdre ; les tombes, sur mon ordre,
ont éveillé leurs dormeurs et, s'ouvrant, les ont relâchés,
tant mon art est puissant. Mais cette rude magie
je l'abjure céans, et quand j'aurai requis —
ce que je fais à présent — quelque musique céleste
pour accomplir mes desseins sur les sens de ceux
à qui s'adresse ce charme aérien, je briserai ma baguette,
l'ensevelirai à des brasses sous terre
et, plus profond que jamais n'est descendue la sonde,
je noierai mon livre.

---

7. **dread** : pour **dreadful** = *terrible*.
8. **to rattle** = *faire un bruit de ferraille*.
9. **bolt** : double immage en anglais, car **bolt** signifie *le coup de foudre* et *la flèche*, le « *carreau* » *d'arbalète*.
10. **spur** = *éperon* ; (ici) **root** = *racine*.
11. **oped** : (arch. pour) **opened**.
12. **let'em forth** = *let them come out*.
13. **their senses that** = *the senses of those whom*.
14. **plummet** = **sounding-lead** : [led] = *plomb pour sonder*.

Henry VIII

Ce drame daté de **1613** est déconcertant ; il manque de cohérence et d'unité. La pièce est, pour l'essentiel, empruntée à la *Chronique* d'Holinshed, parfois retranscrite en vers, même si certaines scènes sont inventées. Or l'acte V, qui traite de la rivalité de deux prélats anglicans, Cranmer (Canterbury) et Gardiner (Winchester), et qui prophétise que les règnes d'Elisabeth et de Jacques Ier seront les plus glorieux de l'histoire de l'Angleterre, se rattache difficilement à ce qui précède. Il semble bien que Shakespeare, déjà retiré à Stratford, ait adressé à un auteur plus jeune, sans doute John Fletcher, le canevas de la pièce, avec quelques scènes déjà rédigées (I,1,2 ; II,3,4 ; III,1 et début de 2), en lui laissant le soin de compléter l'œuvre ; encore que, dans les parties attribuées à Fletcher (ou à tel ou tel autre auteur), on semble parfois retrouver la marque de Shakespeare (son style rapide, incisif, chargé d'images et de parenthèses).

Les trois premiers actes pourraient s'intituler « la fourberie de Wolsey ». Ce cardinal hypocrite, subtil, retors, possède l'art diabolique de manipuler les nobles, en ayant l'air de les approuver, mais en soudoyant leurs subordonnés. Ainsi le duc de Buckingham, qui pouvait prétendre à la couronne, si le roi restait sans descendance mâle, est accusé et condamné à être exécuté. De même Wolsey semble appuyer l'intention du roi de divorcer d'avec Catherine d'Aragon, son épouse depuis vingt ans, pour se remarier avec Anne Bullen (Anne Boleyn) rencontrée au cours du premier acte, tout en intriguant auprès de Rome, afin d'éviter le schisme qu'il prévoit. Mais la situation va se retourner contre le cardinal lord chancelier, trop riche pour être honnête, détesté par les gens qu'il fréquente. Sous la pression de Charles Quint et de Rome, il va être accusé de haute trahison, disgracié par le roi, privé de tous ses biens, et finalement recueilli à l'abbaye de Leicester où il mourra le surlendemain de son arrivée.

Dans l'acte IV, dont les deux scènes spectaculaires transcrivent Holinshed, on assiste au couronnement d'Anne Boleyn et à la mort de Catherine d'Aragon, dont les dernières paroles réitèrent son amour pour le roi, à qui elle a pardonné.

Le dernier acte montre notamment le triomphe de Cranmer sur ses adversaires (grâce à l'intervention du roi) et le baptême de la princesse Elisabeth.

Il est à noter que les coups de canon tirés à la fin du premier acte, sans doute à grand renfort d'artifices, provoquèrent l'incendie du « Théâtre du Globe » en 1613.

Situation de l'extrait n° 48, III,2,337–344 & 350–372.

C'est dans cette scène que l'on assiste à la disgrâce de Wolsey. Le passage 350–372 est familier aux Anglais. Le lecteur, prévenu, appréciera les déclarations du cardinal, après que le duc de Suffolk lui a annoncé la décision royale.

Henry VIII

Suff. Lord Cardinal, the King's further[1] pleasure is —
Because all those things you have done of late
By your power legatine[2] within this kingdom
Fall into th'compass of a praemunire[3] —
That therefore such a writ be sued[4] against you:
To forfeit all your goods, lands, tenements,
Chattels[5], and whatsoever, and to be
Out of the King's protection. This is my charge.

...

Wols. So farewell — to the little good you bear me.
Farewell, a long farewell, to all my greatness!
This is the state of man: today he puts forth[6]
The tender leaves of hopes, tomorrow blossoms[7],
And bears his blushing honours thick upon him[8].
The third day comes a frost, a killing frost,
And when he thinks, good easy man, full surely
His greatness is a-ripening, nips[9] his root,
And then he falls, as I do. I have ventured,
Like little wanton boys that swim on bladders,
This[10] many summers in a sea of glory,
But far beyond my depth[11]. My high-blown pride
At length broke under me, and now has left me
Weary, and old with service, to the mercy
Of a rude stream that must for ever hide[12] me.
Vain pomp and glory of this world, I hate ye.
I feel my heart new opened. O, how wretched
Is that poor man that hangs on princes' favours!
There is betwixt that smile we would aspire to,
That sweet aspect[13] of princes, and their ruin,
More pangs and fears than wars or women have;
And when he falls, he falls like Lucifer,
Never to hope again.

340

360

370

---

1. **further** = *ultérieur*; *complémentaire*. -
2. **legatine = of a legate** = *d'un légat du pape*.
3. **praemunire** : *acte judiciaire* (**writ**) commençant par ce mot, et punissant les papistes de la perte de leurs biens.
4. **sued** : **to sue** = *poursuivre* (cf. fr. *suivre*).
5. **chattels = movable possessions** = *meubles*.
6. **to put forth** = *produire* (feuilles, racines, etc.).
7. **blossoms** : est ici un verbe.

Henry VIII (III,2,337–344 et 350–372)

Suff. Milord cardinal, voici ce qu'il a plu au roi de prévoir :
attendu que tous vos actes commis récemment
dans ce royaume, en vertu de vos pouvoirs de légat,
tombent sous le coup d'un « praemunire »,
vous serez donc condamné par arrêt
à perdre tous vos biens, terres, domaines,
meubles, et tout le reste, ainsi qu'à être
hors de la protection du roi. Tel est mon mandat.
...

Wols. Adieu donc, même au peu de bonté que vous me
  portez.
Adieu, un long adieu à toute ma grandeur !
Tel est le destin de l'homme : aujourd'hui il déploie
les tendres feuilles de l'espoir ; demain il fleurit,
et accumule les honneurs resplendissants.
Le troisième jour vient le gel, gel meurtrier,
et lorsqu'il croit, naïf bonhomme, qu'assurément
sa grandeur mûrit, sa racine est pincée,
et alors il tombe, comme moi. Je me suis aventuré
(comme ces gosses étourdis qui nagent avec des vessies),
pendant maint été, sur un océan de gloire,
mais assez loin pour perdre pied. Mon orgueil trop gonflé
a fini par crever sous moi, me laissant maintenant
las, vieilli par le service, à la merci
d'un courant brutal qui doit à jamais m'engloutir.
Vaine pompe, vaine splendeur de ce monde, je vous hais.
Je sens mon cœur se rouvrir. Oh ! combien misérable
est le pauvre homme qui dépend des faveurs des princes !
Il y a, entre le sourire auquel nous aspirons,
ce doux regard des princes, et notre disgrâce,
plus d'angoisses et d'effrois que n'en recèlent guerres ou
  femmes ;
et quand cet homme tombe, il tombe comme Lucifer,
à jamais désespéré.

---

8. **bears... thick upon him** = litt. *porte.. épais sur lui*.
9. **nips** : le sujet serait **frost** (355) ; constr. lâche non rare chez
   Shakespeare.
10. **this many summers** : on attend **these** ; mais **this** est inaccentué.
11. **far beyond my depth** = litt. *loin au-delà de ma profondeur*.
12. **to hide (hid, hidden)** = *cacher* ; (ici) *engloutir*.
13. **aspect** : (sens arch.) **look** = *regard*.

SONNETS

Les *Sonnets* de Shakespeare furent publiés in-quarto en **1609**, par T.T. (Thomas Thorpe), avec une dédicace à « Mr.W.H. ». Les initiales font penser à Henry Wriothesley, comte de Southampton. Pour certains, il s'agit de William Lord Herbert, plus tard comte de Pembroke. D'autres enfin pensent à William Hughes, acteur de la troupe de Shakespeare.

Le volume de 1609 contient **154** sonnets, composés en général de **14** décasyllabes (pentamètres iambiques, avec variantes métriques et licences poétiques), dont les **rimes** suivent le schéma : ababcdcdefefgg, soit trois quatrains et un distique.

Les *Sonnets* furent composés la plupart entre **1592** et **1596**, les autres avant 1600 ; cependant l'étude stylistique semble prouver que certains sonnets sont postérieurs à 1600. Les sonnets **1–126** retracent les méandres sentimentaux du poète pour un **jeune protecteur blond, beau et noble** (or Pembroke était brun !) ; les sonnets **127–154** s'adressent à une **beauté brune** aimée par le poète, infidèle à son mari et à son amant, qui pourrait être une Mrs. Davenant, ou Mary Fitton, demoiselle d'honneur de la reine et maîtresse de Pembroke. Shakespeare fait aussi allusion à un poète rival (George Chapman, sonnets **82–87**).

Les *Sonnets* se présentent en **séries** et, dans toutes les séries, sont intercalés des sonnets affirmant que l'ami sera immortalisé par les vers du poète. Ces séries sont d'ailleurs arbitraires. Certains sonnets (36–39, 75, 77, 81, 97–99) semblent mal placés. Il est d'ailleurs difficile de savoir quelle fut la part de Shakespeare, et celle de l'éditeur, dans la disposition des sonnets. Thorpe « aurait » placé en tête la série la plus longue (1–17), réuni les groupes portant sur des thèmes semblables, et placé à la fin tous les sonnets ayant trait à la « dame brune ». Cf. John Dover Wilson, *The Sonnets* dans l'édition *The New Shakespeare* (Cambridge University Press, 1re édition, 1966), pages 18–42. Cet ouvrage remarquable contient en particulier une bibliographie exhaustive sur les *Sonnets*, pages 82–88. Cf. également Valerie L. Barnish, *Notes on Shakespeare's Sonnets* (Methuen Paperbacks, 1re éd. 1979).

Il faudrait par ailleurs distinguer, parmi les sonnets, ceux qui sont sincères, et ceux qui sont de simples exercices de style.

Comme le dit excellemment Pierre Messiaen dans sa traduction de Shakespeare (vol. 3, pages 1263–71), « on parle beaucoup des sonnets de Shakespeare, mais on ne les lit guère. Dans le texte, ils sont difficiles pour maintes raisons : dialectique constante sur les mots, les images, les idées, tour d'esprit issu de la scholastique médiévale ; thème platonicien de l'amitié supérieure à l'amour.... ; termes juridiques du XVIe siècle, astronomie, alchimie... »

Parmi les 154 sonnets, j'ai retenu les sonnets 18, 30, 116 et 144, qui sont parmi les plus connus et les plus beaux. Le sonnet 144, qui fait partie de la série « Poète, Ami et Maîtresse », pourrait d'ailleurs servir d'introduction aux sections 1 et 2, puisqu'il reprend le thème de l'ensemble de la collection.

Situation du sonnet **18**. Extrait 49. Ce sonnet, souvent cité intégralement, comme les sonnets 30 et 116, fait partie du groupe dédié au noble protecteur. Le poète compare celui-ci à un jour d'été qui ne saurait mourir, puisqu'il sera immortalisé par ses vers.

Situation du sonnet **30**. Extrait 49. Ce poème nostalgique, consacré à un lourd passé, s'éclaire dans les deux derniers vers, où la seule pensée de l'ami annule toutes les pertes et tous les chagrins éprouvés par le poète.

Situation du sonnet **116**. Extrait 50. Hymne à l'amour véritable, que rien ne saurait altérer jusqu'à la mort. Le poète fait preuve ici d'un optimisme qui se veut sans faille.

Situation du sonnet **144**. Extrait 50. Ce sonnet, que le poète commence comme la chanson de Joséphine Baker, précise aussitôt qu'il s'agit de son réconfort et de son désespoir, c'est-à-dire de son bon ange et de son démon femelle qui tantôt s'attachent à ses pas, tantôt s'éloignent ensemble à des fins mystérieuses. Le poète va jusqu'à se demander si son bon ange ne vit pas dans l'enfer de l'autre.

N.B. On notera que, dans les quatre sonnets retenus, le poète fait appel au jargon du mariage (116), de la justice (30) et de l'astronomie (116) ; et que le distique final de chaque sonnet en est à la fois la conclusion, la quintessence et la leçon qui s'en dégage.

Sonnet 18

Shall I compare thee to a summer's day?
Thou art more lovely and more temperate:
Rough winds do shake the darling[1] buds of May,
And summer's lease hath all too short a date[2]:
Sometime[3] too hot the eye of heaven shines,   5
And often is his gold complexion dimmed[4],
And every fair[5] from fair sometime declines,
By chance, or nature's changing course untrimmed[6]:
But thy eternal summer shall not fade,
Nor lose possession of that fair thou ow'st,   10
Nor shall death brag thou wand'rest in his shade,
When in eternal lines to time thou grow'st[7],
    So long as men can breathe or eyes can see,
    So long lives this, and this gives life to thee.

Sonnet 30

When to the sessions of sweet silent thought,
I summon up[1] remembrance of things past,
I sigh the lack of many a thing I sought,
And with old woes new wail my dear time's waste[2]:
Then can I drown an eye unused to flow[3],   5
For precious friends hid in death's dateless[4] night,
And weep afresh love's long since cancell'd woe,
And moan th'expense of many a vanish'd sight.
Then can I grieve at grievances foregone,
And heavily from woe to woe tell o'er[5]   10
The sad account of fore-bemoaned[6] moan,
Which I new pay as if not paid before.
    But if the while[7] I think on thee, dear friend,
    All losses are restor'd, and sorrows end.

---

1. **darling = very dear** = *très cher*.
2. **all too short a date** : **all** : (ici) **much** ; **date** : (sens arch.) **duration** = *durée*. Noter place de **a** à cause de **too**.
3. **sometime** : V. 5 = **sometimes**. V. 7 = **at some time**.
4. **dimmed** : to dim (light) = **to reduce**.
5. **fair** : (ici nom, arch.) **fair person or quality** (cf. fr. *beauté*).
6. **untrimmed** : inversion verbe-compléments.
7. **grow'st** : (ici) **becomest a part of**.

Sonnet 18

Dois-je te comparer à un jour d'été ?
Tu es plus aimable et plus tempéré.
Vents rudes arrachent tendres bourgeons de mai ;
et le bail de l'été est de bien trop courte durée.
  Parfois trop chaud luit l'œil du ciel,
et souvent son teint d'or s'obscurcit ;
toute beauté un jour désembellit,
déparée par le hasard ou le cours changeant des choses.
  Mais ton éternel été ne saurait se faner,
ni être dépossédé de la beauté qui est tienne.
La mort ne saurait se targuer que tu erres en son ombre,
lorsqu'en des vers éternels tu feras partie du temps.
  Tant que des hommes vivront ou que des yeux verront,
  ce poème survivra et te donnera la vie.

Sonnet 30

Quand au tribunal de la douce pensée silencieuse
j'assigne le souvenir des choses passées,
je soupire du manque de tout ce que j'ai cherché,
ravivant de vieux maux la perte de mon cher temps.
  Alors je peux noyer un œil inhabitué aux larmes,
pour de précieux amis celés dans la nuit sans fin de la mort,
pleurer derechef la peine d'amour depuis longtemps
    effacée,
et gémir aux dépens de mainte vision évanouie.
  Alors je peux m'affliger d'afflictions passées,
et refaire péniblement, de malheur en malheur,
le triste compte de soupirs naguère soupirés,
que je paie à nouveau, comme s'ils étaient impayés.
  Mais si, cependant, je pense à toi, cher ami,
  toutes pertes sont réparées, tous chagrins prennent fin.

---

1. **to the sessions... I summon up** : métaphore juridique.
2. **waste** : litt. *gaspillage*.
3. **to flow** : litt. *couler*.
4. **dateless** : (ici sens arch.) **endless** = *sans fin*.
5. **to tell over** = **to count again** = *recompter*.
6. **fore-bemoaned moan** : le poète s'amuse : à partir de **moan** (n./v.), il crée un p.p./adj. avec **be** intensif, précédé de (**be**) **fore**.
7. **the while** : (ici adv.) **meanwhile** = *pendant ce temps, cependant*.

Sonnet 116

Let me not to the marriage of true minds
Admit[1] impediments. Love is not love
Which alters when it alteration finds,
Or bends with the remover to remove[2]:
O no! it is an ever-fixed mark[3],   5
That looks on tempests and is never shaken;
It is the star to every wandering bark,
Whose worth[4] is unknown, although[5] his height be taken.
Love's not Time's fool, though rosy lips and cheeks
Within his bending sickle's compass come[6];   10
Love alters not with his brief hours and weeks,
But bears it out[7] even to the edge of doom[8].
  If this be error, and upon me prov'd,
  I never writ[9], nor no man ever loved.

Sonnet 144

Two loves[1] I have of comfort and despair,
Which like two spirits do suggest[2] me still:
The better[3] angel is a man right fair,
The worser spirit a woman colour'd ill.
To win[4] me soon to hell, my female evil   5
Tempteth my better angel from my side,
And would corrupt my saint to be a devil,
Wooing his purity with her foul pride[5].
And whether[6] that my angel be turn'd fiend[7]
Suspect I may, but not directly tell;   10
But being both from me, both to each friend,
I guess one angel in another's hell:
  Yet this shall I ne'er know, but live in doubt,
  Till my bad angel fire my good one out[8].

---

1. **let me not admit...** = litt. *que je n'admette pas...*
2. **bends... remove** = litt. *se baisse à changer avec qui change.*
3. **mark** = sea-mark, beacon = *fanal, balise.*
4. **worth** = *valeur*; (ici) *influence.*
5. **although** : (ici) *même si.*
6. **within... come** : litt. *viennent dans le domaine de*; **sickle** = *faucille* (cf. **crooked knife**, sonnet 100); **scythe** = *faux* (1 syllable).
7. **to bear out** = *emporter*; *confirmer*; (ici) *to endure*; **it** = **impediments.**
8. **doom** = fate = *destin.*
9. **writ** : (arch.) **wrote.**

Sonnet 116

Je ne voudrais pas, au mariage d'âmes fidèles,
apporter d'empêchement. L'amour n'est pas amour
qui change quand il trouve du changement,
ou répond par l'inconstance à qui est inconstant.
   Oh ! non, c'est un fanal bien fixé,
qui regarde les tempêtes sans être jamais secoué.
C'est l'étoile qui guide toute barque errante,
et dont l'influence est secrète, même si l'on prend sa hauteur.
   L'amour n'est pas le jouet du temps, même si lèvres et joues
   roses
relèvent du domaine de sa faux recourbée.
L'amour ne change point avec ses brèves heures et semaines :
il leur survit jusqu'au bord de la mort.
   Si ce n'est point vrai, et que sur moi on le prouve,
   alors je n'ai jamais écrit, et nul homme n'a jamais aimé.

Sonnet 144

J'ai deux amours, mon réconfort et mon désespoir,
qui, tels deux esprits, ne cessent de me tenter.
Mon bon ange est un homme bien blond ;
l'esprit du pire est une femme au teint mauvais.
   Pour m'attirer vite en enfer, mon démon femelle
entraîne loin de moi mon meilleur ange,
et voudrait corrompre mon saint pour en faire un démon,
courtisant sa pureté de son ardeur infâme.
   Mon bon ange est-il devenu un esprit malin ?
le soupçonner je puis, sans l'affirmer nettement :
tous deux sont loin de moi, et tous deux bons amis.
J'imagine un ange dans l'enfer de l'autre ;
mais je n'en serai jamais sûr : je vivrai dans le doute,
jusqu'à ce que mon mauvais ange ait éteint le bon.

---

1. **two loves : one (the fair man) = my comfort ; the other (the dark woman) = my despair**.
2. **to suggest** = *suggérer* ; (ici) **to whisper advice** = *chuchoter des conseils*.
3. **the better/worse of two** = *le meilleur/pire de* deux ; **worser** : cf. introd.
4. **to win** (**won**) = *gagner ; séduire*.
5. **pride** = *fierté* (de **proud** = *fier*).
6. **whether** = *est-ce que ?* (oui ou non, style indirect) ; **that** : redondant + 1 syllabe.
7. **fiend** [fi:nd] = *démon*.
8. **to fire out = to put out** = *éteindre*

Révisions (Extraits 41–45)

1. *Les bannières furent déployées sur les remparts du château.*
2. *Voyez le pauvre acteur qui se pavane et s'agite sur la scène.*
3. *Avez-vous entendu ce bruit, ce cri aigu ?*
4. *La beauté de Cléopâtre défiait toute description.*
5. *Dans la barque (de cérémonie) une sirène, semble-t-il, tenait la barre.*
6. *Au lieu de contempler Cléopâtre, Antoine resta seul assis sur la place du marché.*
7. *Notre démarche allègre frappera le regard des ombres.*
8. *Les vaisseaux manquaient de ports pour s'y abriter.*
9. *N'errez pas plus loin ; attendez-moi.*
10. *C'est un mauvais acteur qui oublie ses rôles.*
11. *J'ai négligé de saluer la plus noble mère qui soit au monde.*
12. *Que tous les galets de cette plage se transforment en diamants !*
13. *Partagez le travail de vos amis, et demandez-leur de vous aider.*
14. *C'était légal, j'allais le faire, mais il m'en a empêché.*
15. *Abstenez-vous de travailler tard le soir ; ne négligez pas le sommeil.*

1. The banners were hung out on the ramparts of the castle.
2. See the poor player strutting and fretting on the stage.
3. Have you heard that noise, that shriek?
4. Cleopatra's beauty beggared/defied (all) description.
5. In the barge a mermaid seemed to steer.
6. Instead of gazing upon Cleopatra, Antony sat alone in the market-place.
7. Our sprightly port will make the ghosts gaze.
8. The ships lacked harbours to shelter in.
9. Stray no further; wait for me.
10. He is a dull actor who forgets his parts.
11. I neglected to salute the most noble mother in the world.
12. Let all the pebbles of this beach be turned into diamonds!
13. Share your friends' work, and ask them to help you.
14. It was lawful, I was going to do it, but he restrained me.
15. Forbear to work late at night; do not neglect sleep.

Révisions (Extraits 46–50)

1. *Ce que vous faites aujourd'hui améliore ce que vous avez fait avant.*
2. *Je voudrais vous couvrir de guirlandes de lis.*
3. *Il me semble que vous jouez comme vous les avez vus faire dans les pastorales.*
4. *Prospéro avait appris dans un livre à se faire obéir des elfes.*
5. *Grâce à l'aide d'Ariel, il commandait aux éléments.*
6. *Ayant accompli ses desseins, il abjura la magie.*
7. *Wolsey perdit tout espoir de miséricorde...*
8. *Lorsque Suffolk lui annonça qu'on avait confisqué tous ses biens.*
9. *Qu'il est misérable l'homme qui dépend des faveurs du prince !*
10. *La rose qui pousse en juin a tôt fait de se faner.*
11. *L'ami du poète survivra dans des vers éternels.*
12. *Tant qu'il respira, il donna la vie aux personnages qu'il créait.*
13. *Il est tombé sous la faux du destin.*
14. *Des deux esprits le meilleur était un ange, le pire un démon.*
15. *L'imaginaire du poète est-il un rêve éveillé ou une faculté à part ?*

1. What you do to-day betters what you did before/yesterday.
2. I wish I could strew you with garlands of lilies.
3. It seems to me that you play/you seem to play as you have seen them do in pastorals.
4. Prospero had learned in a book how to make elves obey him.
5. Thanks to Ariel's help, he commanded the elements.
6. Having accomplished his designs, he abjured magic.
7. Wolsey lost all hope of mercy...
8. when Suffolk let him know that he had forfeited all his goods.
9. How wretched is the man who hangs/depends on the prince's favours!
10. The rose growing in June will soon fade/wilt.
11. The poet's friend will survive in everlasting lines.
12. As long as he could breathe, he gave life to the characters he created.
13. He fell under the scythe of doom.
14. Of the two spirits the better was an angel, the worse a devil.
15. Is the poet's fancy a waking dream or a faculty of its own?

Autres œuvres.

I. **Tragedies**.

1. **Titus Andronicus** (1588–1592),II,1,82–87.
   She is a woman, therefore may be woo'd;
   She is a woman, therefore may be won;
   She is Lavinia, therefore must be lov'd.
   What, man! more water glideth by the mill
   Than wots[1] the miller of; and easy it is
   Of a cut loaf to steal a shive[2], we know.

2. **Timon of Athens** (1607–1608),v,1,220–123.
   Timon hath made his everlasting mansion
   Upon the beached verge of the salt flood;
   Who[1] once a day with his embossed froth
   The turbulent surge shall cover.

3. **Pericles** (1608–09),I,1,92 & III,1,22–24.
   Few love to hear the sins they love to act...
   O you gods!
   Why do you make us love your goodly gifts,
   And snatch them straight away?

II. **Poems**.

1. **Venus and Adonis** (1593), vers 145–150.
   Bid me discourse, I will enchant thine[1] ear,
   Or like a fairy trip[2] upon the green,
   Or, like a nymph, with long dishevell'd hair,
   Dance on the sands, and yet no footing seen:
   Love is a spirit all compact of fire,
   Not gross to sink, but light, and will aspire.

2. **The Rape of Lucrece** (1594), vers 29–30.
   Beauty itself doth of itself persuade
   The eyes of men without an orator.

Titus Andronicus. 1. **wot**, prés. du v. arch. **wit** = know.
2. **shive** : (arch.) **slice** = *tranche*.
Timon of Athens. 1. **who(m)** : **flood** et **surge** sont personnifiés.

Autres œuvres (Traductions)

I. **Tragédies**.
1. **Titus Andronicus**.
   Elle est femme : on peut donc la courtiser.
   Elle est femme : on peut donc la séduire.
   C'est Lavinia : il faut donc l'aimer.
   Allons, mon cher ! il file plus d'eau par le moulin
   que n'en pense le meunier ; et il est aisé,
   nous le savons, de voler une tranche de pain coupé.
2. **Timon d'Athènes**.
   Timon a bâti son éternelle demeure
   au bord de la plage aux flots salés,
   qu'une fois par jour de son écume bosselée
   la vague turbulente doit recouvrir.
3. **Périclès**.
   On n'aime guère entendre (citer) les péchés qu'on
   aime commettre...
   O dieux !
   pourquoi nous faire aimer vos dons si beaux,
   et nous les arracher aussitôt ?

II. **Poèmes**.
1. **Vénus et Adonis**.
   Dis-moi de discourir, j'enchanterai ton oreille.
   Dis-moi de courir sur la pelouse, comme une fée,
   ou, comme une nymphe aux tresses échevelées,
   de danser sur le sable, sans y laisser d'empreinte.
   L'amour est un esprit tout chargé de feu,
   sans poids qui l'enfonce ; mais léger il tend à s'élever.
2. **Le Viol de Lucrèce**.
   D'elle-même la beauté même sait persuader
   les yeux des hommes, sans besoin d'avocat.

Venus and Adonis. 1. **thine** : (ici) **thy** (cf. tutoiement, introd.).
2. **trip** : (ici) **run lightly** = *courir légèrement*.

3. **The Passionate Pilgrim** (1599), XII.
   Crabbed age and youth cannot live together:
   Youth is full of pleasance[1], age is full of care...
   Age, I do abhor thee, youth, I do adore thee.
4. **The Phoenix and the Turtle** (1601), vers 25–28.
   So they lov'd, as[1] love in twain[2]
   Had the essence but in one;
   Two distincts[3], division none:
   Number there in love was slain.[4]
5. **A Lover's Complaint** (1609), vers 22–28.
   Sometimes her levell'd eyes their carriage ride,
   As[1] they did battery to the spheres intend;
   Sometimes diverted, their poor balls are tied
   To the orbed earth; sometimes they do extend
   Their view right on; anon[2] their gazes lend
   To every place at once, and nowhere fix'd,
   The mind and sight distractedly commix'd.
6. **Shakespeare's Epitaph** (1616).
   Good friend, for Jesu's[1] sake forbear
   To dig the dust enclosed here.
   Blest[2] be the man that spares these stones,
   And curst be he that moves my bones.

The Passionate Pilgrim. 1. **pleasance** : (arch. cf. vx. fr. *plaisance*)
pleasure = *plaisir*.
The Phoenix and the Turtle. 1. **as** (**if**) love. 2. **twain** : (arch.)
two. 3. **distincts** : arch. comme nom. 4. **to slay** (**slew, slain**) :
(littér) *tuer*.

3. **Le Pèlerin passionné**.
   Vieillesse revêche et jeunesse ne peuvent cohabiter :
   jeunesse est pleine de plaisirs, vieillesse de soucis...
   Vieillesse, je t'abhorre ; jeunesse, je t'adore.
4. **L'Oiselle phénix et le Tourtereau**.
   Ils s'aimaient tant que leur amour à deux,
   par essence, n'en faisait plus qu'un seul ;
   deux êtres distincts, mais nulle division :
   le nombre ici se détruisait dans l'amour.
5. **La Complainte d'une amoureuse** (ce poème
   parut à la suite des **Sonnets**).
   Parfois ses yeux se pointent au ras de leur affût,
   comme pour canonner les sphères célestes.
   Parfois, en sens inverse, leurs pauvres prunelles
      s'attachent
   au globe terrestre ; parfois même ils étendent
   leur vue droit devant eux. Bientôt ils portent leurs
      regards
   partout à la fois, sans les fixer nulle part,
   la vue et la pensée mélangeant leur délire.
6. **L'Épitaphe de Shakespeare**.
   Mon bon ami, pour l'amour du Christ garde-toi
   de creuser la poussière ici enfermée.
   Béni soit l'homme qui épargne ces pierres ;
   maudit soit celui qui bouge mes os !

A Lover's Complaint. 1. **as (if) they did**. 2. **anon** : (arch.) **in one**
   (moment) = **soon** = *bientôt*.
Shakespeare's Epitaph. 1. **Jesu's** = **Jesus'**.
2. **blest, curst** = **blessed, cursed**.

Liste alphabétique des citations

1. A certain lord, neat and trimly dressed,
Fresh as a bridegroom, and his chin, new-reaped,
Showed like a stubble-land at harvest home...
   1 — Henry IV (I,3,33). **Extrait 17**

2.   All the world's a stage,
And all the men and women merely players.
They have their exits and their entrances,
And one man in his time plays many parts,
His acts being seven ages...
   As You Like It (II,7,139). **Extrait 22**

3. Come, let's away to prison;
We two alone will sing like birds i' the cage...
   King Lear (V,3,8). **Extrait 38**

4. **Claudio**. Death is a fearful thing.
Isabella. And shamèd life a hateful...
   Measure for Measure (III,1,119). **Extrait 34**

5.   Demi-puppets, that
By moonshine do the green sour ringlets make
Whereof the ewe not bites...
   The Tempest (V,1,36). **Extrait 47**

6. **Wolsey**.
Farewell! a long farewell, to all my greatness!
This is the state of man...
When he thinks, good easy man, full surely
His greatness is a-ripening, nips his root,
And then he falls, as I do...
   Henry VIII (III,2,351). **Extrait 48**

7.   For it so falls out
That what we have we prize not to the worth
Whiles we enjoy it, but being lacked and lost....
                    then we find
The virtue that possession would not show us
Whiles it was ours...
   Much Ado About Nothing (IV,1,215). **Extrait 23**

8. For where is any author in the world
Teaches such beauty as a woman's eye?
Learning is but an adjunct to ourself...
   Love's Labour's Lost (IV,3,312). **Extrait 1**

Traduction des citations

1. Certain milord, soigné, pomponné,
frais comme un marié ; son menton, juste fauché,
ressemblait à un champ d'éteule à la rentrée de la moisson...
   Henry IV, 1re partie (I,1,33). **Extrait 17**

2.   Le monde entier est un théâtre,
et tous, hommes et femmes, n'en sont que les acteurs.
Ils y font leurs entrées et leurs sorties ;
chacun, au fil des ans, joue maints rôles,
dans une pièce en sept âges...
   Comme il vous plaira (II,7,139). **Extrait 22**

3.   Viens, partons en prison.
Seuls, nous deux, nous chanterons comme oiseaux en cage...
   Le Roi Lear (V,3,8). **Extrait 38**

4. **Claudio**. La mort est une chose affreuse.
Isabelle. Et une vie honteuse est odieuse...
   Mesure pour mesure (III,1,119). **Extrait 34**

5.   Esprits follets qui,
au clair de lune, faites les annelets verts et âcres
dont ne broute pas la brebis...
   La Tempête (v,1,36). **Extrait 47**

6. **Wolsey**. Adieu, un long adieu à toute ma
grandeur !
Tel est le destin de l'homme...
Lorsqu'il croit, naïf bonhomme, qu'assurément
sa grandeur mûrit, sa racine est pincée ;
alors il tombe, tout comme moi...
   Henry VIII (III,2,351). **Extrait 48**

7.   Car il s'avère que
ce que nous avons, nous ne l'estimons pas à sa valeur
tant que nous en jouissons ; mais perdu, manquant...
                      alors nous découvrons
le mérite que la possession ne voulait pas nous montrer
tant qu'il était nôtre...
   Beaucoup de bruit pour rien (IV,1,215). **Extrait 23**

8. Car où est au monde l'auteur
qui enseigne la beauté comme l'œil d'une femme ?
La science n'est pour nous qu'un accessoire...
   Peines d'amour perdues (IV,3,312). **Extrait 1**

9. Friends, Romans, countrymen, lend me your ears;
I come to bury Caesar, not to praise him;
The evil that men do lives after them,
The good is often interrèd with their bones,
So let it be with Caesar...
Brutus says he was ambitious;
And Brutus is an honourable man...
   Julius Caesar (III,2,74). **Extrait 27**

10. Good reasons must of course give place to better...
There is a tide in the affairs of men
Which taken at the flood leads on to fortune;
Omitted, all the voyage of life
Is bound in shallows and in miseries...
   Julius Caesar (IV,3,202). **Extrait 28**

11. Hang out our banners on the outward walls...
                    Our castle's strength
Will laugh a siege to scorn: here let them lie,
Till famine and the ague eat them up...
   Macbeth (V,1,1). **Extrait 41**

12. Hath not old custom made this life more sweet
Than that of painted pomp? Are not these woods
More free from peril than the envious court?
Here we feel but the penalty of Adam,
The season's difference...
   As You Like It (II,1,2). **Extrait 21**

13. He makes sweet music with th' enamell'd stones,
Giving a gentle kiss to every sedge
He overtaketh in his pilgrimage.
And so by many winding nooks he strays
With willing sport to the wild ocean...
   The Two Gentlemen of Verona (II,7,28). **Extrait 8**

14. Her father loved me, oft invited me,
Still questioned me the story of my life...
She loved me for the dangers I had passed,
And I loved her that she did pity them.
This only is the witchcraft I have used.
   Othello (I,3,128). **Extrait 35**

15. **Falstaff**. If I be served such another trick, I'll have
my brains ta'en out and buttered, and give them
to a dog for a new-year's gift.
   The Merry Wives of Windsor (III,5,6). **Extrait 24**

9. Amis, Romains, compatriotes, prêtez l'oreille :
Je viens enterrer César, non faire son éloge ;
le mal que font les hommes leur survit ;
le bien est souvent inhumé avec leurs os ;
qu'il en soit ainsi pour César...
Brutus dit qu'il était ambitieux ;
et Brutus est un homme honorable...
   Jules César (III,2,74). **Extrait 27**

10. Bonnes raisons doivent forcément céder à de meilleures...
Dans les affaires des hommes, il y a une marée ;
prise au flux, elle mène à la fortune ;
qu'on la manque, tout le voyage de leur vie
est cerné de bas-fonds et de souffrances...
   Jules César (IV,3,202). **Extrait 28**

11. Qu'on déploie nos bannières sur les remparts !...
                La force de notre château
peut narguer un siège : qu'ils demeurent là,
jusqu'à ce que la famine et la fièvre les dévorent !...
   Macbeth (V,1,1). **Extrait 41**

12. L'habitude n'a-t-elle pas rendu cette vie plus douce
que celle de la pompe fardée ? Ces bois ne sont-ils pas
plus libres de dangers que l'envieuse cour ?
Ici nous n'endurons que le châtiment d'Adam,
la différence des saisons...
   Comme il vous plaira (II,1,2). **Extrait 21**

13. Il fait une douce musique sur les cailloux émaillés,
donnant un tendre baiser à chaque laîche
qu'il rencontre en son pèlerinage.
Ainsi par maints recoins sinueux il erre
et va folâtrant jusqu'à l'océan furieux...
   Les Deux Gentilshommes de Vérone (II,7,28). **Extrait 8**

14. Son père m'aimait ; il m'invitait souvent,
insistant pour que je conte l'histoire de ma vie...
Elle m'aima pour les dangers que j'avais courus ;
je l'aimai pour sa façon de s'apitoyer sur eux.
Voilà toute la sorcellerie dont j'ai usé...
   Othello (I,3,128). **Extrait 35**

15. **Falstaff.** Si je me laisse encore jouer un tel tour, je veux
qu'on m'arrache la cervelle, qu'on la cuise au beurre
et qu'on la donne à un chien pour ses étrennes !
   Les Joyeuses Commères de Windsor (III,5,6). **Extrait 24**

16. If it were done, when 'tis done, then 'twere well
It were done quickly: if th'assassination
Could trammel up the consequence, and catch
With his surcease success; that but this blow
Might be the be-all and the end-all — here...
We'd jump the life to come...
   Macbeth (I,7,1). **Extrait 39**

17. If music be the food of love, play on,
Give me excess of it, that, surfeiting,
The appetite may sicken, and so die.
   Twelfth Night (I,1,1). **Extrait 25**

18.   I'll never
Be such a gosling to obey instinct, but stand
As if a man were author of himself
And knew no other kin...
Like a dull actor now
I have forgot my part and I am out...
   Coriolanus (V,3,34). **Extrait 44**

19. Is there no way for men to be, but women
Must be half-workers? We are all bastards,
And that most venerable man, which I
Did call my father, was I know not where
When I was stamped.
   Cymbeline (II,5,1). **Extrait 45**

20. Is this a dagger which I see before me,
The handle toward my hand? Come, let me clutch thee...
Art thou not, fatal vision, sensible
To feeling, as to sight? or art thou but
A dagger of the mind, a false creation
Proceeding from the heat-oppressed brain?
   Macbeth (II,1,33). **Extrait 40**

21. **Falstaff**. I would 'twere bed-time, Hal, and all well.
Prince Hal. Why, thou owest God a death. (*Exit*)
Falstaff. 'Tis not due yet — I would be loath to pay him
before his day. What need I be so forward with him that
calls not on me?...
   1—Henry IV (V,1,125). **Extrait 18**

16. Si, la chose faite, c'était fini, alors il serait bon
que ce fût vite fait. Si cet assassinat
pouvait suspendre ses conséquences et saisir,
avec son terme, le succès ; si ce seul coup
pouvait être le tout et la fin de tout, ici-bas...
nous risquerions la vie à venir...
   Macbeth (I,7,1). **Extrait 39**

17. Si l'amour se nourrit de musique, jouez encore ;
donnez-m'en à l'excès ; que rassasié,
mon appétit s'affaiblisse et en meure !...
   La Nuit des Rois (I,1,1). **Extrait 25**

18.   Je ne serai jamais
l'oison qui obéit à l'instinct. Je resterai
un homme qui serait l'auteur de ses jours
et ne connaîtrait nulle autre parenté...
A présent, tel un mauvais acteur
j'ai oublié mon rôle, et je suis en panne.
   Coriolan (V,3,34). **Extrait 44**

19. N'y a-t-il pour les hommes d'autre manière d'être,
   que les femmes
ne soient de moitié dans l'ouvrage ? Nous sommes tous
   bâtards,
et cet homme combien vénérable, que
j'appelais mon père, se trouvait je ne sais où,
lorsque je fus conçu...
   Cymbeline (II,5,1). **Extrait 45**

20. Est-ce une dague que je vois devant moi,
le manche tourné vers ma main ? Viens çà, que je te saisisse !...
N'es-tu pas, vision fatale, sensible
au toucher, comme à la vue ? ou n'es-tu
qu'une dague imaginaire, création trompeuse
émanant du cerveau accablé de fièvre ?...
   Macbeth (II,1,33). **Extrait 40**

21. **Falstaff**. Je voudrais que ce soit l'heure de se coucher et
   que tout aille bien.
Hal. Bah ! tu dois une mort à Dieu. (*Il sort.*)
Falstaff. Elle n'est pas encore échue ; il me répugnerait de le
payer avant le terme. Qu'ai-je besoin de me hâter tellement
vers qui ne m'appelle pas ?...
   Henry IV, 1**^{re} **partie (V,1,125). **Extrait 18**

22. Joan of Arc hath been
A virgin from her tender infancy,
Chaste and immaculate in very thought;
Whose maiden blood, thus rigorously effus'd,
Will cry for vengeance at the gates of heaven.
   1 — Henry VI (v,4,49). **Extrait 2**

23. **Shylock**. Let him look to his bond!...
Hath not a Jew eyes? Hath not a Jew hands, organs,
dimensions, senses, affections, passions? Fed with the
same food...as a Christian is?
   The Merchant of Venice (III,1,45). **Extrait 15**

24. Let me not to the marriage of true minds
Admit impediments. Love is not love
Which alters when it alteration finds,
Or bends with the remover to remove:
O, no! it is an ever-fixed mark,
That looks on tempests and is never shaken...
   Sonnet 116 **Extrait 50**

25. **Iago**. Not poppy, nor mandragora,
Nor all the drowsy syrups of the world,
Shall ever medicine thee to that sweet sleep
Which thou owedst yesterday...
   Othello (III,3,332). **Extrait 36**

26. O Lord! Methought what pain it was to drown!...
What sights of ugly death within mine eyes!
Methoughts I saw a thousand fearful wracks;
A thousand men that fishes gnawed upon...
Wedges of gold, great anchors, heaps of pearl,
Inestimable stones, unvalued jewels,
All scattered in the bottom of the sea...
   Richard III (I,4,21). **Extrait 6**

27. O Proserpina,
For the flowers now that, frighted, thou let'st fall
From Dis's wagon! Daffodils,
That come before the swallow dares, and take
The winds of March with beauty; violets, dim,
But sweeter than the lids of Juno's eyes...
   The Winter's Tale (IV,4,116). **Extrait 46**

28. O sleep, ô gentle sleep,
Nature's soft nurse, how have I frighted thee,
That thou no more wilt weigh my eyelids down
And steep my senses in forgetfulness?...
   2 — Henry IV (III,1,5). **Extrait 19**

22. Jeanne d'Arc est restée
vierge depuis sa tendre enfance,
chaste et immaculée, même en pensée ;
elle dont le sang virginal, si rigoureusement répandu,
criera vengeance aux portes du ciel.
  Henry VI, 1re partie (v,4,49). **Extrait 2**

23. **Shylock**. Gare à son contrat !...
Un Juif n'a-t-il pas d'yeux ? n'a-t-il pas des mains, des organes,
des proportions, des sens, des émotions, des passions ? Ne se
nourrit-il pas de la même nourriture... qu'un Chrétien ?...
  Le Marchand de Venise (III,1,45). **Extrait 15**

24. Je ne voudrais pas au mariage d'âmes fidèles
apporter d'empêchement. L'amour n'est pas amour,
qui change quand il trouve un changement,
ou répond par l'inconstance à qui est inconstant.
Oh ! non ; c'est un fanal bien fixé,
qui regarde les tempêtes et n'est jamais secoué...
  Sonnet 116 **Extrait 50**

25. **Iago**. Ni pavot, ni mandragore,
ni tous les somnifères sirupeux du monde
ne t'apporteront jamais ce doux sommeil
dont tu jouissais hier...
  Othello (III,3,332). **Extrait 36**

26. Seigneur ! quelle souffrance, me sembla-t-il, c'était
    de se noyer !...
Quelles visions hideuses de la mort devant mes yeux !
Il me sembla voir mille effroyables naufrages ;
un millier d'hommes rongés par les poissons...
Des lingots d'or, de grandes ancres, des tas de perles,
des pierres précieuses et autres joyaux inestimables,
tout cela éparpillé au fond de la mer...
  Richard III (I,4,21). **Extrait 6**

27. O Proserpine,
que n'ai-je ici les fleurs qu'effrayée tu laissas tomber
du char de Pluton ! Les narcisses
qui viennent avant que l'hirondelle ne se risque, et qui captivent
par leur beauté les vents de mars ; les violettes, ternes,
mais plus tendres que les paupières de Junon...
  Le Conte d'hiver (IV,4,116). **Extrait 46**

28. O sommeil, ô doux sommeil !
tendre infirmier de la nature, comme j'ai dû t'effrayer,
pour que tu ne veuilles plus plomber mes paupières,
ni plonger mes sens dans l'oubli !...
  Henry IV, 2e partie (III,1,5). **Extrait 19**

29. O, that this too too solid flesh would melt,
Thaw and resolve itself into a dew!
Or that the Everlasting had not fix'd
His canon 'gainst self-slaughter! O God! God!
How weary, stale, flat and unprofitable
Seem to me all the uses of this world!...
   Hamlet (I,2,129). **Extrait 29**

30. O, then I see Queen Mab hath been with you.
She is the fairies' midwife, and she comes
In shape no bigger than an agate stone
On the forefinger of an alderman,
Drawn with a team of little atomies
Over men's noses as they lie asleep...
   Romeo and Juliet (I,4,53). **Extrait 9**

31. Say that she rail, why then I'll tell her plain
She sings as sweetly as a nightingale.
Say that she frown, I'll say she looks as clear
As morning roses newly washed with dew...
   The Taming of the Shrew (II,1,171). **Extrait 7**

32. Shall I believe
That unsubstantial death is amorous,
And that the lean abhorred monster keeps
Thee here in dark to be his paramour?...
   Romeo and Juliet (V,3,102). **Extrait 10**

33. Shall I compare thee to a Summer's day?
Thou art more lovely and more temperate:
Rough winds do shake the darling buds of May,
And Summer's lease hath all too short a date...
   Sonnet 18. **Extrait 49**

34. She-wolf of France, but worse than wolves of France,
Whose tongue more poisons than the adder's tooth!...
Thou art as opposite to every good
As the Antipodes are unto us...
O tiger's heart wrapp'd in a woman's hide!...
   3 — Henry VI (I,4,111). **Extrait 4**

35. (Thou rememberest)
Since once I sat upon a promontory
And heard a mermaid on a dolphin's back
Uttering such dulcet and harmonious breath
That the rude sea grew civil at her song?...
   A Midsummer Night's Dream (II,1,149). **Extrait 11**

29. Ah ! si cette chair bien trop solide pouvait se fondre,
se dissoudre et se résoudre en rosée !
Si l'Eternel n'avait pas formellement
interdit le suicide ! O Dieu ! ô Dieu !
Comme toutes les façons de ce monde me semblent
lassantes, éculées, ternes et stériles !...
   Hamlet (I,2,129). **Extrait 29**

30. Oh ! alors je vois que la Reine Mab vous a fait visite.
C'est l'accoucheuse des fées ; elle vient,
de forme pas plus grosse qu'une pierre d'agate
à l'index d'un échevin,
traînée par un attelage d'êtres minuscules,
par-dessus le nez des hommes qui sommeillent...
   Roméo et Juliette (I,4,53). **Extrait 9**

31. Mettons qu'elle invective : eh bien, je lui dirai tout net
que son chant a la douceur du rossignol.
Mettons qu'elle se renfrogne : je lui dirai que son regard a la
   clarté
des roses matinales juste perlées de rosée.
   La Mégère apprivoisée (II,1,171). **Extrait 7**

32. Faut-il croire
que le spectre de la mort est amoureux,
que ce monstre étique et abhorré te garde
ici, dans les ténèbres, pour être sa maîtresse ?...
   Roméo et Juliette (v,3,102). **Extrait 10**

33. Dois-je te comparer à un jour d'été ?
Tu es plus aimable et plus tempéré.
Vents rudes arrachent tendres bourgeons de mai ;
et le bail de l'été est de bien trop courte durée...
   Sonnet 18. **Extrait 49**

34. Louve de France, mais pire que les loups de France,
toi dont la langue est plus venimeuse que dent de vipère !...
Tu es l'opposé de tout ce qui est bon,
comme les antipodes le sont pour nous...
O cœur de tigre caché sous la peau d'une femme !
   Henry VI, 3e partie (I,4,111) **Extrait 4**

35. (Te souvient-il)
qu'un jour, assis sur un promontoire,
j'écoutais une sirène qui, sur le dos d'un dauphin,
chantait un air si doux, si mélodieux
que la mer démontée s'adoucit à l'entendre ?...
   Le Songe d'une nuit d'été (II,1,149). **Extrait 11**

36. Small curs are not regarded when they grin,
But great men tremble when the lion roars;
And Humphrey is no little man in England...
   2 — Henry VI (III,1,18). **Extrait 3**

37. Sweet mistress, what your name is else I know not,
Nor by what wonder you do hit of mine...
Sing, siren, for thyself, and I will dote...
And in that glorious supposition think
He gains by death that hath such means to die:
Let love, being light, be drowned if she sink.
   The Comedy of Errors (III,2,29). **Extrait 5**

38. The barge she sat in, like a burnish'd throne,
Burn'd on the water; the poop was beaten gold,
Purple the sails, and so perfumed, that
The winds were love-sick with them; the oars were silver...
   Antony and Cleopatra (II,2,199). **Extrait 42**

39. The lunatic, the lover, and the poet
Are of imagination all compact...
The poet's eye, in a fine frenzy rolling,
Doth glance from heaven to earth, from earth to heaven;
And as imagination bodies forth
The forms of things unknown, the poet's pen
Turns them to shapes, and gives to airy nothing
A local habitation and a name...
   A Midsummer Night's Dream (V,1,7). **Extrait 12**

40. **Portia**. Then must the Jew be merciful.
Shylock. On what compulsion must I? Tell me that.
Portia. The quality of mercy is not strained,
It droppeth as the gentle rain from heaven
Upon the place beneath. It is twice blest,
It blesseth him that gives and him that takes...
   The Merchant of Venice (IV,1,179). **Extrait 16**

41. There is a willow grows aslant a brook,
That shows his hoar leaves in the glassy stream;
There with fantastic garlands did she come
Of crow-flowers, nettles, daisies, and long purples...
   Hamlet (IV,7,167). **Extrait 31**

42. **Orsino**. There is no woman's sides
Can bide the beating of so strong a passion
As love doth give my heart; no woman's heart
So big to hold so much, they lack retention...
   Twelfth Night (II,4,92). **Extrait 26**

36. On ne prend pas garde aux petits roquets qui grondent,
Mais les grands hommes tremblent quand rugit le lion ;
et Humphrey n'est pas, en Angleterre, un petit personnage...
Henry VI, **2e partie** (III,1,18). **Extrait 3**

37. Charmante dame, car je ne vous connais point d'autre nom,
ni ne sais par quel prodige vous devinez le mien...
Sirène, chante pour toi, et je serai fou de toi...
Dans cette éclatante illusion, je penserai
qu'il gagne en mourant celui qui a de tels moyens de mourir :
que l'amour, si léger soit-il, se noie si elle-même sombre !...
La Comédie des méprises (III,2,29). **Extrait 5**

38. La barque où elle était assise, brillante comme un trône,
flamboyait sur les eaux ; la poupe était d'or martelé,
de pourpre les voiles, et parfumées au point que
les vents se pâmaient d'amour ; d'argent étaient les rames...
Antoine et Cléopâtre (II,2,199). **Extrait 42**

39. Le fou, l'amoureux, le poète
sont tout pétris d'imagination...
L'œil du poète, roulant dans un beau délire,
se porte du ciel à la terre, et de la terre au ciel ;
et comme l'imagination donne corps
et forme à des choses inconnues, la plume du poète
leur donne une figure, et assigne à ces bulles d'air
un lieu dans l'espace et un nom...
Le Songe d'une nuit d'été (V,1,7). **Extrait 12**

40. **Portia**. Il faut donc que le Juif soit clément.
Shylock. En vertu de quelle obligation, dites-moi ?
Portia. La clémence est une qualité que l'on ne force pas ;
elle tombe du ciel comme une douce pluie
sur notre bas monde. Doublement bénie,
elle bénit celui qui donne et celui qui reçoit...
Le Marchand de Venise (IV,1,178). **Extrait 16**

41. Il y a un saule qui pousse en travers d'un ruisseau,
reflétant ses feuilles argentées dans le miroir du courant.
C'est là qu'elle est venue, portant de fantasques guirlandes
de renoncules, d'orties, de pâquerettes et d'orchis pourpres...
Hamlet (IV,7,167). **Extrait 31**

42. **Orsino**. Le sein d'aucune femme
ne saurait supporter les battements d'une passion violente,
comme celle que l'amour donne à mon cœur ; nul cœur de femme
n'est assez vaste pour en contenir autant ; elles manquent de
constance...
La Nuit des Rois (II,4,92). **Extrait 26**

43. This royal throne of Kings, this sceptred isle,
This earth of majesty, this seat of Mars....
This fortress built by nature for herself
Against infection and the hand of war,
This happy breed of men, this little world,
This precious stone set in the silver sea...
   Richard II (II,1,40). **Extrait 13**

44. To be, or not to be: that is the question...
                       To die, to sleep;
To sleep: perchance to dream; ay, there's the rub;
For in that sleep of death what dreams may come
When we have shuffled off this mortal coil,
Must give us pause; there's the respect
That makes calamity of so long life...
Thus conscience does make cowards of us all...
   Hamlet (III,1,56). **Extrait 30**

45. **Cressida**. To be wise, and love,
Exceeds man's might; that dwells with the gods above...
Troilus. I am as true as truth's simplicity,
And simpler than the infancy of truth!
Cressida. In that I'll war with you...
   Troilus and Cressida (III,2,155). **Extrait 32**

46.   'Twere all one
That I should love a bright particular star
And think to wed it, he is so above me.
In his bright radiance and collateral light
Must I be comforted, not in his sphere...
   All's Well that Ends Well (I,1,84). **Extrait 33**

47. Two loves I have of comfort and despair,
Which like two spirits do suggest me still:
The better angel is a man right fair,
The worser spirit a woman colour'd ill...
I guess one angel in another's hell...
   Sonnet 144. **Extrait 50**

48. Unarm Eros; the long day's task is done,
And we must sleep... Off, pluck off:
The seven-fold shield of Ajax cannot keep
The battery from my heart. O! cleave, my sides;
Heart, once be stronger than thy continent,
Crack thy frail case! Apace, Eros, apace...
   Antony and Cleopatra (IV,12,35). **Extrait 43**

43. Ce royal trône de Rois, cette île souveraine,
cette terre de majesté, ce siège de Mars...
cette forteresse que la nature s'est bâtie
contre l'invasion et la violence de la guerre,
cette heureuse race d'hommes, ce petit univers,
cette pierre précieuse enchâssée dans la mer d'argent...

   Richard II (II,1,40). **Extrait 13**

44. Vivre, ou mourir, voilà la question...
                              Mourir, dormir ;
dormir, peut-être rêver : oui, voilà le hic ;
car quels rêves peuvent surgir dans ce sommeil de la mort
quand nous aurons rejeté cette défroque mortelle,
cela doit nous arrêter : c'est bien la raison
qui assure au malheur une si longue vie...
Ainsi la réflexion fait de nous tous des lâches...

   Hamlet (III,1,56). **Extrait 30**

45. **Cressida**. Être sage et aimer,
dépasse le pouvoir de l'homme, et réside chez les dieux
là-haut...
Troïlus. Je suis aussi loyal que la loyauté ingénue,
et plus ingénu que n'est la loyauté de l'enfant.
Cressida. En cela je serai votre rivale.

   Troïlus et Cressida (III,2,155). **Extrait 32**

46.   Autant vaudrait
pour moi aimer spécialement une brillante étoile,
et songer à l'épouser, tant il est au-dessus de moi.
C'est dans son brillant éclat et dans son rayonnement
que je dois puiser mon réconfort, non dans sa sphère...

   Tout est bien qui finit bien (I,1,84). **Extrait 33**

47. J'ai deux amours, mon réconfort et mon désespoir,
qui, tels deux esprits, ne cessent de me tenter.
Mon bon ange est un homme bien blond ;
l'esprit du pire est une femme au teint mauvais...
J'imagine un ange dans l'enfer de l'autre...

   Sonnet 144. **Extrait 50**

48. Eros, désarme-moi ; la tâche de ce long jour est finie ;
il nous faut dormir... Enlève, arrache !
Le septuple bouclier d'Ajax ne saurait résister
aux battements de mon cœur. Oh ! que mes flancs éclatent !
Toi, mon cœur, pour une fois sois plus fort que ton enveloppe ;
brise ta frêle demeure ! Vite, Eros, vite !...

   Antoine et Cléopâtre (IV,12,35). **Extrait 43**

49. Well, whiles I am a beggar, I will rail,
And say there is no sin but to be rich;
And being rich, my virtue then shall be
To say that there is no vice but beggary.
 King John (II,1,593). **Extrait 14**

50. When the mind's free
The body is delicate; the tempest in my mind
Doth from my senses take all feeling else
Save what beats there...
O! that way madness lies; let me shun that...
 King Lear (III,4,11). **Extrait 37**

51. When to the sessions of sweet silent thought,
I summon up remembrance of things past,
I sigh the lack of many a thing I sought,
And with old woes new wail my dear time's waste...
But if the while I think on thee, dear friend,
All losses are restor'd, and sorrows end.
 Sonnet 30. **Extrait 49**

52. **Bardolph**. Would I were with him, wheresome'er
he is, either in heaven or in hell!
Hostess. Nay sure, he's not in hell: he's in Arthur's
bosom, if ever man went to Arthur's bosom. 'A made
a finer end, and went away an it had been any
christom child; 'a parted e'en just between twelve and
one, e'en at the turning o'th'tide...
 Henry V (II,3,line 7). **Extrait 20**

49. Eh bien, tant que je serai mendiant, je crierai,
et je dirai qu'il n'y a pas d'autre péché que la richesse ;
mais quand je serai riche, ma vertu consistera
à dire qu'il n'y a point d'autre vice que la misère...
   Le Roi Jean (II,1,593). **Extrait 14**

50. Quand l'esprit est libre,
le corps est délicat. La tempête dans mon esprit
empêche mes sens d'éprouver autre chose
que ce qui bat là...
Oh ! c'est là que la folie me guette ; il faut éviter cela...
   Le Roi Lear (III,4,11). **Extrait 37**

51. Quand au tribunal de la douce pensée silencieuse
j'assigne le souvenir des choses passées,
je soupire du manque de maints désirs insatisfaits,
ravivant de vieux maux la perte de mon cher temps...
   Mais si, cependant, je pense à toi, cher ami,
   toutes pertes sont réparées, tous chagrins prennent fin.
   Sonnet 30. **Extrait 49**

52. **Bardolphe**. Je voudrais bien être avec lui, où qu'il se
trouve, que ce soit au ciel ou en enfer !
L'Hôtesse. Non, pour sûr, il n'est pas en enfer ; il est
au sein d'Arthur, si jamais homme est allé au sein
d'Arthur. Il a choisi la meilleure fin ; il a passé
comme un enfant baptisé ; il est même parti juste entre
midi et une heure, juste au tournant de la marée.
   Henry V (II,3,7). **Extrait 20**

LEXIQUE

Les chiffres renvoient aux numéros des extraits expliqués.

A

abate (to), baisser, **25**
abide (abode) (to), supporter, **37**
ache [eik], douleur, **30**
add (to), ajouter, **1**
adder, vipère, **4**
aim, but, **23**
alderman, échevin, **9**
allow (to), permettre, **29**
alms, aumône, **6**
alter (to), changer, **50**
anchor, ancre, **6**
angel, ange, **14, 39**
angle (to), pêcher (à la ligne), **32**
angry, en colère, **3**
antique, démodé ; grotesque, **12**
apace (adv.), vite, **43**
apprehend (to), percevoir, **12**
arrow, flèche, **11, 30**
ask sb sth, ask sth of sb (to), demander qch à qn, **38**
asleep, endormi, **9** et **passim**
attempt (to), tenter, **14**

B

babble (to), jaser, **20**
bank, talus, rive, berge, **39**
bankrupt, failli, **15**
bargain, affaire, marché, **10**
barge, barque (de cérémonie), **42**
barren, stérile, **44**
bathe (to), (se) baigner, **34**
bawd, catin ; proxénète, **14**
beach, plage, **44**
beam, rayon, **9**
bear, ours, **12**
beast, bête, animal, **34**
become (to) (+ nom), convenir à, **16, 38**
befall (-fell, -fallen), advenir, **6**
beget, (-got-gotten) (to), engendrer, **2**
beggar, mendiant, **4, 14, 42**
beggar description (to), défier toute description, **42**
begone, va-t'en, **36**
beguile (to), tromper, **35**

on behalf of, en faveur de, de la part de, **23**
behaviour, conduite, comportement, **35**
behold (-held, -held) (to), apercevoir, **46**
belly, ventre, panse, **22**
belt, ceinture, **11**
bend (bent) (to), courber, **2**
besides, (en) outre, **28**
bestride (-strode, -stridden) (to) enfourcher, **18, 39**
better (to), améliorer, **46**
bid (bade, bidden) (to), enjoindre, **7**
billow, grande vague, **19**
bind (bound) (to), attacher ; d'où
birth, naissance, **2, 23**
bitch, chienne, **24**
bite (bit, bitten) (to), mordre, **47**
bladder, vessie, **48**
blade, lame, **40**
bleak, morne, glacial, **33**
bleed (bled) (to), saigner, **15**
blessing (de to bless), bénédiction, **38**
blind, aveugle, **24**
blithe, joyeux, **20**
bloody (de blood) sanglant, **40**
blossom (to), fleurir, **48**
blow (a), coup (de poing ou autre), **39**
blow (blew, blown) (to), souffler, **39**
blush (to), rougir, **4**
bond, engagement, **13** ; obligation, contrat, **16**
bone, os, **33**
bosom, poitrine, **20**
bow [bəu], arc, **11**
bow (to) [bau], saluer, **3** ; se courber, **7**
brag (to), se vanter, **49**
brain, cerveau, **1**
brains, cervelle, **12, 24**
breach, brèche, **35**
break (broke, broken) (to), briser ; (**out of prison**) s'évader, **6**
breed, race, **13**
the bridegroom, le marié, **17**
brim, bord ; **brimful**, plein à déborder, **28**
brine, eau salée, **25**

bristle (to), hérisser, **20**
brook, ruisseau, **21, 31**
brow, front, **12**
bruise (to), contusionner, **43**
bubble, bulle, **22**
bud, bourgeon, **49**
burgher, bourgeois, **21**
bury (to), enterrer, **27, 46**
but, 1) mais ; 2) sauf, excepté ; 3) seulement, ne... que, **passim**
buy (bought) (to), acheter, **46**
by, par ; près de, **7**

C

call forth (to), provoquer, **47**
cancel (to), annuler, **49**
candle (cf. fr.), chandelle, bougie, **41**
canopy, baldaquin, **19**
castle (cf. fr. castel), château (fort), **41**
cedar, cèdre, **47**
chat (to), bavarder, **17**
chattels, biens (meubles), **48**
cheek, joue, **50**
civil, 1) civil ; 2) poli, **11**
clamber (to), grimper, **31**
clap (to), frapper, applaudir, **1**
cleave (to), (se) fendre, **43**
climb (to), grimper, **1**
clod, motte (de terre), **34**
cloy (to), rassasier, écœurer, **26**
clutch (to), saisir, **40**
coach-maker, carrossier, **9**
coffin, cercueil, **27**
coin, pièce de monnaie, **45**
complexion, teint, **49**
comprehend (to), understand, comprendre, **12**
conceal (to), cacher, **26**
contempt/ible, mépris/able, **2**
cool, frais ; cool (to), rafraîchir, **41**
corpse, cadavre, **46**
countenance, physionomie, **3**
courtier, 1) courtisan ; 2) (arch.) courtier, **9**
covet (to), convoiter, **45**
coward, lâche, **30**

H

handle, manche, 40
hang (hung) (to), pendre, **29**, suspendre, 40
harm, tort, 28
hart, cerf, 25
harvest, moisson, 17
hatch, écoutille, 6
hate, haine ; (to), haïr, 34
hatred, haine, 45
haunch, hanche, 21
hawk, faucon, 33
hazelnut, noisette, 9
heal (to), guérir, 15
heat, de **hot**, chaleur, 40
heaven, ciel, 2, 29
heel, talon, 31
height, hauteur, 28
heir [ɛðr], héritier, 30
helm, gouvernail, 42
hind, biche, 33
hinder (to), entraver, 8
hint, insinuation, 35
holy, saint, 2
home (adv.), à l'endroit visé, 37
honey, miel, 10
hound, chien courant, 25
howl, hurlement, 40
howl (to), hurler, 34, 40
hurt (hurt) (to), faire du mal à, 37

I

idleness, oisiveté, 11
impediment, obstacle, **50**
increase (to), augmenter, 28
infant, jeune bébé, 22
invade (to), envahir, 37
irk (to), contrarier, 21

J

Jew, Juif, 15
jewel, joyau, 6, 21
joiner, menuisier, 9
justice, 1) justice ; 2) juge, 22

K

keeper, gardien, 10
kin, famille (**family**), 39, 44
kindle (to), allumer, 8
kingdom, royaume, 13
kneel (knelt) (to), s'agenouiller (de **knee**), 38
knit one's brows (to), froncer les sourcils, 3

L

lack (to), manquer de, 23, 26, 43
lamb, agneau, 2
last (to), durer, 25
laugh (at) (to), rire (de), 38

lay (laid) (to), mettre, poser, **5**, 23
lay down (to), établir, 23
league, lieue, 11
lean, maigre, 10, 22
leap (leaped/leapt) (to), sauter, 3
learn (learned/learnt) (to), apprendre, 1
lease, bail, 13, 49
level (to), niveler ; pointer, 23
liar, menteur, 33
lie (lay, lain) (to), être allongé, 9 et passim
lie (lied) (to), mentir, 45
lightning, éclair, foudre, 10
likelihood, vraisemblance, 23
lily, lis, 46
line (to), régler ; border, 22
lip, lèvre, 39, 50
litter, ordures ; portée, 24
liver, foie, 23, 26
be loath (to), répugner à, 18
long (for) (to), désirer ardemment, 8
look (to) at sb., regarder qn ; (+ adj. ou part.), avoir l'air, **passim**
look for (to), chercher, 45
loop, (to), faire une boucle à, 37
lose (lost) (to), perdre, 38
loss, perte, 15
lull (to), bercer, 19
lunatic, fou, 12
lust, luxure, 36

M

mad, fou, 14
madness, folie, 37
maid, pucelle ; jeune fille ; servante, 46
main (the), l'océan, 6
mar (to), gâcher, 43
market, marché, 15
mate, compagnon, 21
mate (to), accoupler, 33
means (a), un moyen, **5**, 28
meek, doux ; **meekly**, avec douceur, 39
melt (to), fondre, 29
mercy, miséricorde, 16
merely, simplement, 22
mermaid, sirène, 5, 11, 42
midwife, sage-femme, 9
might (subst.), puissance, 32

mighty, puissant, 16
milliner, modiste, 17
mind, esprit, 40
mistake (-took, -taken) (to), se méprendre (sur), 7
mistaken, pris à tort pour, mépris, 44
misuse (to), mal user de ; maltraiter, 7
moan (to), gémir, 49
moat, douve, 13
mourn (to), pleurer, se lamenter sur, 23, 27, 29
mummy, maman ; mamie, 24
(must) needs, nécessairement, 1

N

naked, nu, 39
naught, rien, 25
neigh (to), hennir, 36
nightingale, rossignol, 7
nimble, agile, alerte, 28
nip (to), pincer, 48
notwithstanding, nonobstant (que), 25
nurse, infirmière ; nourrice, 19
male nurse, infirmier, 19

O

oak, chêne, 47
oar, rame, aviron, 42
oath, serment ; juron, 22
offal, abats, 24
of late, dernièrement, 3
oft (littér.), often, souvent, **passim**
once, 1) une fois ; 2) autrefois, **passim**
at once, 1) immédiatement ; 2) en même temps, **passim**
or else, ou autrement, 32
outlive (to), survivre (à), 32
overtake (-took, -taken) (to), 1) rattraper ; 2) doubler, dépasser, 8, 43
owe (to), devoir (qc), 5, 26
own (to), posséder, 26

P

pack (to), (one's luggage), faire sa valise, 7
paltry, misérable, 13
pang, serrement de cœur, 48
part, rôle (théâtre), 44
part (to), séparer, 38
pebble, caillou, galet, 44
pelt (to), cribler, 38
penalty, pénalité, peine, châtiment, 21

221

William Shakespeare

Bibliographie

BACQUET, Paul, *Les pièces historiques de Shakespeare*, 2 vol. — Puf, 1978-79

FLUCHERE, Henri, *Shakespeare, dramaturge élisabéthain* — Idées nrf, 1966

FRYE, Northrop, *Shakespeare et son théâtre* — Boréal, 1988

GIRARD, René, *Shakespeare Les feux de l'envie* — Grasset, 1990

GRIVELET, Michel, *Shakespeare de A à Z ou presque...* — Aubier 1988

KOTT, Jan, *Shakespeare notre contemporain* — Payot (pbp), 1978

MARIENSTRAS, Richard, *Le proche et le lointain* — Minuit, 1981

PARIS, Jean, *Shakespeare* Écrivains de toujours — Le Seuil, 1954

SIBONY, Daniel, *Avec Shakespeare* — Grasset, 1988

Traductions

Pièces (Trad. François-Victor Hugo) — Garnier-Flammarion

Pièces (bilingue) — Aubier-Montaigne

Pièces (Trad. diverses) — La Pléiade (2 v.)

Œuvres complètes publiées sous la direction de Pierre Leyris et Henri Evans — Club Français du Livre

Sonnets (Trad. Jean-François Peyret) — Actes Sud

ENREGISTREMENT SONORE

Liste des extraits enregistrés

Achevé d'imprimer en février 1992
sur les presses de Cox & Wyman Ltd
(Angleterre)

Dépôt légal : mars 1992
Imprimé en Angleterre